ツアンポー峡谷、虹の滝上流（2009年12月15日　撮影／著者）

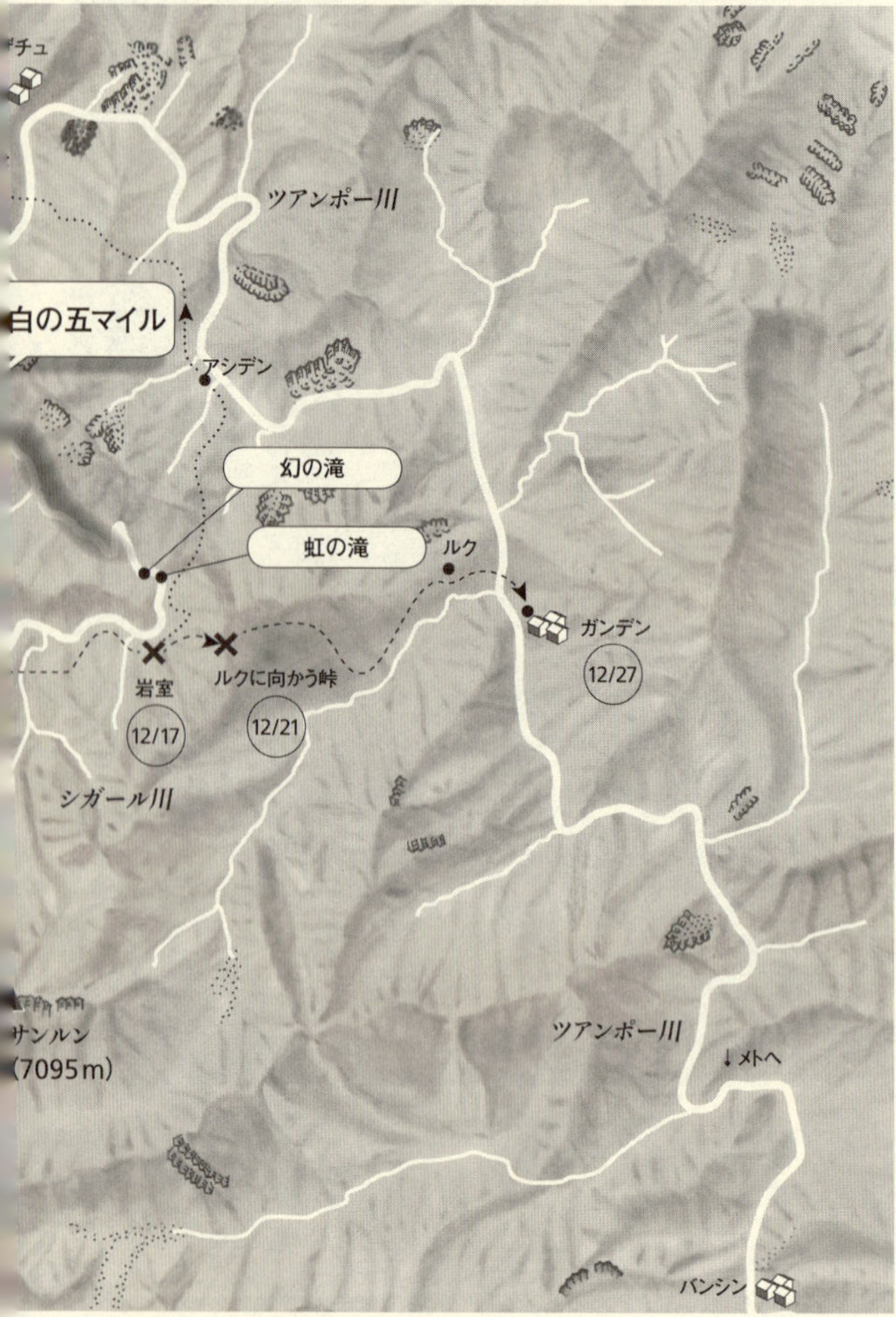

チュ
ツアンポー川
白の五マイル
アシデン
幻の滝
虹の滝
ルク
ガンデン
12/27
岩室
ルクに向かう峠
12/17
12/21
シガール川
サンルン
(7095m)
ツアンポー川
↓メトへ
パンシン

ツアンポー峡谷 全体図　著者による2009年冬の単独行

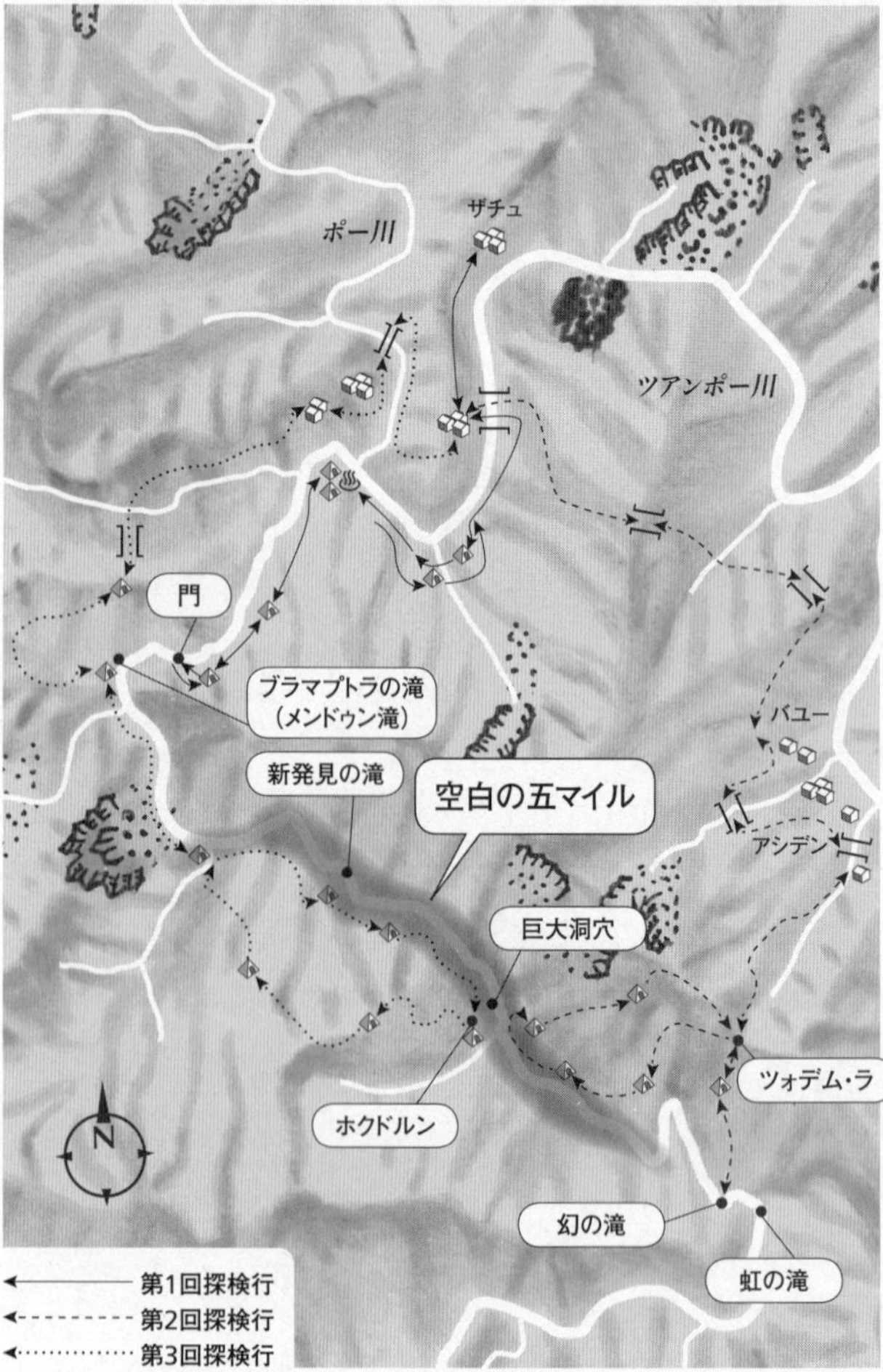

ツアンポー峡谷 空白の五マイル　著者による2002 ～ 2003年の探検

FALLS OF THE TSANGPO RIVER.
(From a Tibetan drawing.)

ツアンポーの滝のスケッチ

L・A・ワッデルは1895年、「ジオグラフィカル・ジャーナル」第5号にツアンポー峡谷の滝について記事を書き、滝を巡礼したラマ僧の絵を公開した。のちにベイリーはこれが「シンジチョギャルの滝」であることを明らかにした。

滝の高さは約70フィート（約21メートル）と推定され、霧と滝のしぶきによる雲に包まれている。またその崖は亜熱帯植物に覆われ、近くには虎がひそんでいる、とワッデルは滝の様子を説明している。

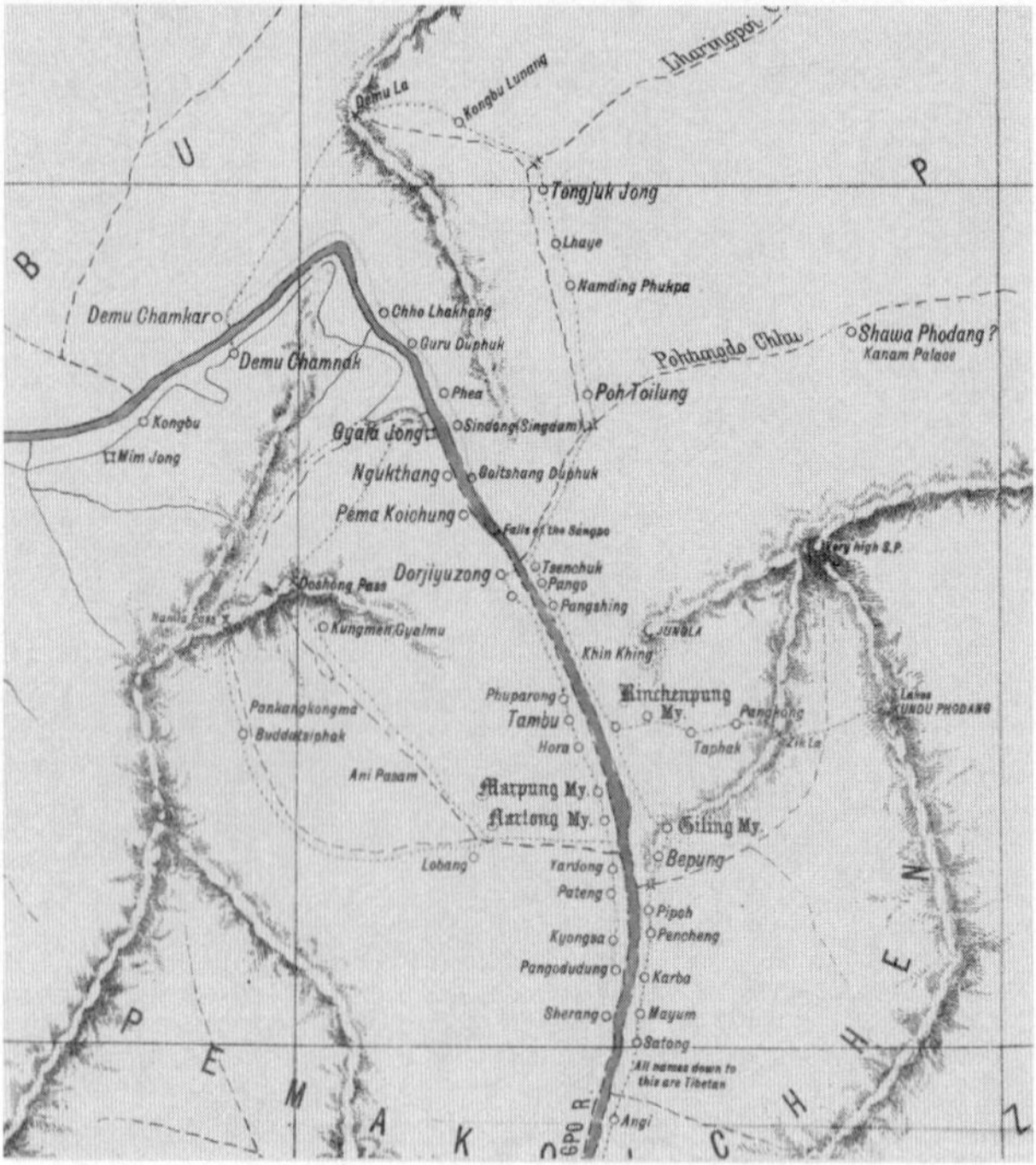

キントゥプの地図

ツアンポー峡谷の推定地図。キントゥプの探検報告とともに1915年の「インド測量局の記録」に掲載された。キントゥプの地図にはツアンポーの滝が初めて記載されており、多くの地名が現在のそれと一致する。

ツアンポー峡谷探検史

1878−79	ネム・シンとキントゥプがギャラまで探検
1880−84	キントゥプがペマコチュンまで探検。その報告書の中に四五メートルの大滝があるとの記述があった
1913	ベイリー、モーズヘッドがペマコチュンよりさらに奥を探検
1924	キングドン＝ウォード、コーダー卿が峡谷の無人地帯を突破し、虹の滝とブラマプトラの滝を発見する。残りの空白部は五マイルと報告
1993	フィッシャー隊のイアン・ベイカーがキングドン＝ウォード以来となる無人地帯の踏破に成功
1993	ブリーシャーズがキングドン＝ウォードの残した空白の五マイルに未知の滝を発見
1993	日中合同隊がポー川で遭難し、早大カヌークラブ武井義隆さんが行方不明となる
1995	イアン・ベイカーが中印国境の聖山クンドゥポトランを巡礼探検
1998	米国のカヌー隊が遭難し、隊員一名が行方不明に
1998	イアン・ベイカーが空白の五マイルにある幻の滝に初めて到達
1998	中国の科学探検隊がイアン・ベイカーに次いで幻の滝に到達
2002	リンドグレンの国際隊が、ギャラから空白の五マイル手前までツアンポー峡谷をカヌーで下る

ツアンポー峡谷に向かった探検家

キントゥプ　写真❶

インド、シッキムの仕立屋。一八七八年から七九年、ネム・シンの従者としてギャラまで探検。一八八〇年から八四年の二度目の探検ではギャラからペマコチュンまで到達後、四年にわたる苦労の末、最後はツアンポー川がアッサムに流れ込むことを証明するため五〇〇本の丸太を川に放り投げた。彼の探検報告にはペマコチュンに大滝があるとの記述があり、そこからツアンポー峡谷の大滝の伝説は生まれた。

フレデリック・M・ベイリー　写真❷

英領インド政庁の役人。一九一三年、測量官ヘンリー・モーズヘッドとともにアッサムからツアンポー峡谷を探検した。ペマコチュンから大きな尾根を越えたところにある岩壁で撤退したが、キントゥプが報告した大滝が存在しないことを突きとめた。

フランク・キングドン＝ウォード　写真❸

英国のプラントハンター。一九二四年、コーダー卿とともに探検家としては初めて峡谷の無人地帯を突破し、虹の滝とブラマプトラの滝を発見した。彼が探検できなかった区間は後に「空白の五マイル」と呼ばれ、一九九〇年代以降の探検家の目標となった。

❶

❷

コーダー卿　写真❹

スコットランドの貴族。キングドン=ウォードとともに峡谷の無人地帯を突破した。探検隊を経済的に援助し、物資輸送と医療面を担当した。

デビッド・ブリーシャヤーズ

米国の登山家。一九九三年、チベットが中国共産党の支配下となってから、外国人としては初めてツアンポー峡谷の奥地を探検した。キングドン=ウォードが残した空白の五マイルに入り込み、それまで知られていなかった幻の滝を発見した。

イアン・ベイカー

米国のチベット仏教研究者。一九九三年、キングドン=ウォード以来、初めて峡谷の無人地帯を突破した。その後もツアンポー峡谷への旅を繰り返し、九八年冬、空白の五マイルにある幻の滝へ到達した。

❸

❹

空白の五マイル　チベット、世界最大のツアンポー峡谷に挑む　目次

第二部　脱出行

空白の五マイル——チベット、世界最大のツアンポー峡谷に挑む

プロローグ

旅の準備というものは、どうしていつもぎりぎりまでかかってしまうのだろう。使い古した大型ザックにテントやロープ、二四日分の食料などを詰め込むと、夜はすっかりふけていた。まとめた荷物を畳の上に転がし、布団がわりに使っていた寝袋にもぐり込んだ。気持ちが高ぶって眠れないだろうと思っていたが、意外にぐっすりと眠れた。妙な緊張感はなかったし、言いようのない不安に襲われることもなかった。目が覚めたら友達と谷川岳(たにがわだけ)のそれほど難しくないルートを登りに行く、そんな日と別に変わらない気分だった。明日は人生最大の冒険に出かけるというのに。

目が覚めてすぐに、早稲田にある四畳半のアパートを出発した。隣の部屋の劇団員とも、部屋で大麻を栽培している学生とも、司法試験を目指している浪人とも会うことはなかった。まだ寝ているか、もしくは、これから寝るかに違いなかった。管理人のおばさんだけが、気をつけて行ってらしてねと、いつものように彼女独特の上品な物腰で送り出してくれた。

成田空港では制限重量をかなりオーバーしている大きなザックを、受付の女性が素敵な笑顔で預かってくれた。スタートとしては悪くないなと思った。ザックを預けると、荷物は本や小物を詰めた小さなデイパックだけになった。チベットの奥地に眠る人跡未踏の秘境を探検する、そんな野心的な旅を計画していたわりには、自分でもずいぶんとラフな格好での出発のような気がした。

世界最大の規模を誇るチベットのツアンポー峡谷、私はそこを探検しようと思っていた。欧米の探検家から地元チベットの冒険的なラマ僧まで含めて、人跡未踏といわれるこの峡谷の初踏査をやってやろうという野心家は、この一〇〇年でざっと二〇人から三〇人はいただろう。だが完全に成功した人間はまだいなかった。私はそれに挑戦するつもりだった。日本を出発したのは二〇〇二年一二月一〇日、単独行だった。

探検がしたかった。

人跡未踏のジャングルをナタで切り開き、激流を渡り、険しい岩壁を乗り越える、私の理想とする探検とは、イメージで語ればそんな感じだった。二一世紀が目前だったにもかかわらず、学生の頃の私は、一九世紀の英国人がやっていたような古典的な地理的探検の世界に憧れていたのだ。

早稲田大学に在学していた時、探検部というクラブに所属していた。探検部に入ったのは大学二年生の時だったが、特にはっきりとした目的があるわけではなかった。大学一年生の時は高校の友人に誘われてラグビーサークルに入っていた。江戸川の河川敷や西武線沿線のグラウンドで練習に明け暮れ、大学近くの居酒屋で意味もなく全裸になって酒を飲み、バイトの給料が出ると右手に一万円札を握りしめ高田馬場の風俗店に駆け込む。そんな生活も悪くはなかったが、それが必ずしも貴重な青春時代の、最も理想的な過ごし方ではないような気もしていた。

大学の校舎にだらしなく貼られた探検部のビラを見かけたのは、そんな時だった。ビラには世界地図と一緒にアフリカで怪獣を探しただの、東チモールで反政府ゲリラの将軍に接触しただの、虚実をないまぜにしたとしか思えない実績が所せましと書きこまれていた。一番下には「世界の可能性を拓(ひら)け」という挑発的なあおり文句が、そのフレーズに劣らないほど誇らしげな筆致で書かれていた。うさん臭くはあったが、しかし人生に対する渇望感を満たしてくれそうな雰囲気を、そのビラはたしかにかもし出していた。

部室は四階までしかないはずの古い校舎の、なぜか五階にあった。いくつかのサークルの部室が並んでおり、陰湿で暗くてカビ臭くて、屋根裏といった言葉がぴったりの場所だった。中に入るとメガネをかけ、ヒゲをうっすらと生やしたみすぼらしい格好の人たちが、みんなでタバコを吸っていた。なぜかほぼ全員、茶色くうす汚れた、元々は白地だったに違いないTシャツを着ていた。みんな同じ顔に見えた。愛想の良さとは程遠い雰囲気で、その人たちが愛想を良くすることはあまり好ましいことではないと考えているのは明らかだった。

　探検部は何をしてもいいし、何もしなくてもいい場所だった。山に登ってばかりいる部員もいれば、新宿でホームレス調査をしている者もいた。探検部員となった私は世界中の山岳地帯に足跡を残した英国のエリック・シプトンのような探検家に憧れ、彼がやったような本格的な山岳探検をいつかやってみたいと思うようになった。私は山に登ってばかりいるほうの部員だったが、それでも山岳部に入部したわけではないという意識が強くあり、登山はいつか訪れる本格的な探検に備えてのことだと自分に言いきかせていた。登山とは一風違った探検や冒険旅行こそ、その頃から私の一貫したモチーフであり憧れであった。

　ただ、それを実現するには大きくて解決の難しい問題がひとつだけあった。それは、いったいどこを探検すればいいのかよく分からないということだった。二一世紀を目前にひかえ、人跡未踏の面白そうな秘境などそう簡単に見つかるものではなかったし、仮にあったとしても、それは誰にも見向きもされない、重箱の隅を楊枝(ようじ)でほじくるような、要するに行ってもあまり意味のなさそうな場所ばかりだった。そうしていつしか山を登ること自体が目的化し、探検をすることは私にとって実現困難な見果てぬ夢となりかけていた。そんなふうに探検への渇望を募らせていた大学四年生の時、私はツアンポー峡谷のことを知ったのだ。

きっかけはたまたま立ち寄った池袋の大型書店で、一冊の本を手に取ったことだった。金子民雄（かねこたみお）という人が書いた『東ヒマラヤ探検史』という本だった。当時はヒマラヤという地域にとりわけ強い関心があったわけではなかったし、出版社の名前も聞いたことがなかった。それでも手に取ったのは「ナムチャバルワの麓『幻の滝』をめざして」という、ベタな副題が気になったからだった。とりあえず購入し、部屋に戻ると横に寝転がってその本を開いた。この時はまさか、それから一二年間にわたり、この本が私の人生を支配することになろうとは思ってもみなかった。

本にはチベットを流れるツアンポー川の探検の歴史が書かれていた。ツアンポー川はチベット高原を横断しインドへ流れ込む、長さ二九〇〇キロに及ぶアジア有数の大河である。チベット最初の王朝が成立したのもツアンポー川、乾燥したチベット高原で農業が営めるのもツアンポー川、チベット人の起源を示す神話の舞台もツアンポー川、この川はヒマラヤから中央アジア一帯にわたり独自の仏教文化圏を形成するチベットのまさに母なる川なのだ。チベット語ではヤル・ツアンポーという。ツアンポーとは川のことを指す言葉なので、本来ならヤル川と呼ばれるべき川なのに、西洋の探検家はチベットに入り込むようになってからずっと、この川をツアンポー川と呼んできた。チベットにはほかにもたくさんのツアンポーがあるにもかかわらず、ツアンポーといえばヤル・ツアンポーのことを指してきたのである。

そのツアンポー川はチベット高原を西から東に流れた後、ヒマラヤ山脈の東端に位置するナムチャバルワ（七七八二メートル）と、ギャラペリ（七二九四メートル）という二つの大きな山にはさまれた峡谷部で円弧を描き、その流れを大きく南に旋回させる。いわゆるツアンポー川大屈曲部と呼ばれる有名な場所だ。

今でこそパソコンの前に座りグーグル・アースでも開けば、この川が南に大きく屈曲していることなど小学生にでも分かる。だが一八世紀から一九世紀にかけてグーグル・アースの代わりにあったのは、今の感覚ではほとんど子供のいたずら書きとしか思えない、伝聞情報をもとにしたいい加減な地図だけだった。そのためこの川がヒマラヤの山中に姿を消した後、どこに流れるのか当時はまったくの謎だったのだ。この謎を解くために探検家たちは険しいヒマラヤの山中を目指した。探検は困難を極めた。そのあたりは地元の人も通らない険しい峡谷になっているうえ、現地の山岳民族は外からやってくる人間を暴力で追い払おうとする、荒っぽい連中ばかりだったからだ。

しかし一九世紀後半、ある探検家が伝説的な冒険の末、ツアンポー川がヒマラヤに姿を消すその峡谷部に初めて入り込むことに成功した。そして彼は、そこにナイアガラのような大滝が存在するという報告をもたらしたのだ。そのロマンあふれる報告は当時の探検家たちの心を強くつかみ、彼らはその幻の滝の存在を確かめるため、次から次へとこのツアンポー峡谷の知られざる最奥へと向かった。

この本にはそういった探検の歴史が詳しく紹介されていた。興味のない人にとっては何の価値もない本だったが、しかし「探検渇望症」に感染していた私にとってはやや刺激が強すぎるほどの内容だった。赤いドレスを着て胸を大きくはだけた金髪美女が、一〇代の若者にこっちへ来なさいと手招きしているようなものだった。もちろん当時の私はそれに耐えられるだけの自制心など持ちあわせていない。読み終わってから、今、この峡谷はどうなっているのだろう、と疑問がわいた。この本には一九二四年に英国のフランク・キングドン＝ウォードという人がおこなった探検のことまでしか書かれていなかった。キングドン＝ウォードは幻の滝を発見できなかったが、峡谷のすべてを探検できたわけではないらしい。彼の後に誰かが完全に探検してしまい、ツアンポー峡谷の秘密のベールははぎとられてしまったのだろうか。本当に幻の滝は存在しないのだろうか。それともまだツアンポー峡谷の探検は終わっていないのだろうか。

ツアンポー峡谷に強く興味を抱いた私は、実際に現地に行ったことがある人を見つけ出し、彼らに会って話を聞いた。それは氷河の研究をしている大学教授や、秘境番組を専門にしているテレビのディレクターなどだった。そして彼らに話を聞くことでキングドン＝ウォードが旅をした一九二四年以降、ツアンポー峡谷の秘密の解明はほとんど進んでいないことを知ったのだった。

過去の名だたる探検家が挑み、跳ね返されてきたツアンポー峡谷、当時最も厳しいとされてきた地理的な課題が、今でも未解決のまま残されている。その事実は私を魅了した。彼らの課題がそっくりそのまま、それほど遠くない場所に今でも残っているのだ。ツアンポー峡谷の探検史に魅せられた私は、過去の探検家に自分自身の姿を重ね合わせた。彼らの系譜の末端に自分というものを置き、何ができるか想像した。ツアンポー峡谷は探検が探検であった時代の舞台がまだ残っている、世界でも残り少ない、いやおそらく最後といってもいい場所だった。

私は部に企画書を提出し、自分がツアンポー峡谷に残された最後の謎を解き明かすのだと高らかに宣言した。過激だがほぼ実現不可能という意味では、世界革命を目指した昔の極左セクトの結党宣言みたいなものだった。飲み会の席で先輩のひとりから、著名な探検家が行けなかった場所にどうしてお前みたいな者が行けるのかというもっともな質問を、もう少しオブラートにつつんだ言い方で訊かれた。私は、当時に比べて装備や登山技術は格段に進歩しており、決して不可能ではないはずだと大見得を切ってみせたが、だからといって自分に現代の洗練された登山技術があるわけではなかったし、装備の有効な使い方を知っているわけでもなかった。

大学四年生の夏休みに、私は探検部の仲間四人と本番に向けた偵察のためツアンポー峡谷へと向かった。ヒルの猛攻に足を血だらけにしながら山道を歩き、ツアンポー峡谷の脇にへばりつく小さな村々を訪れた。上流を眺めるとツアンポー川が密林の山々を深くえぐっていた。その奥にはキングドン＝ウォードが到達できなかった人跡未踏の空白部が眠っているはずだ。次はそこに行こう、かたくそう心に誓った。

だがその後、私のその計画は棚上げになった。この年、つまり一九九八年を境に中国当局は、外国の探検隊がツアンポー峡谷へ入るのを頑なに認めなくなったのだ。探検を専門に扱う北京の旅行代理店に、許可が取れないか問い合わせてみたが、ツアンポー峡谷は立ち入り禁止になりましたという知らせと、その代わりにタクラマカン沙漠を探検しませんか、というあまり気乗りのしない提案が、ペラペラの感熱紙にファクスで送られてきただけだった（タクラマカン沙漠は前年に部の仲間が探検に成功したばかりだった）。

私は大学を六年かけて卒業した後も、探検家になるんだと息巻いて就職せず、土木作業員のアルバイトをしながら日本で山を登ったり、ニューギニア島のイリアンジャヤ（現インドネシア・パプア州）を探検したりしていた。だがそんな生活を続けていると、将来への不安やあせりはいやがうえにも高まっていく。そしてひょんなことがきっかけで新聞記者の新卒者採用試験を受けてみると、二六歳だったにもかかわらずなぜか合格した。

会社員になることが決まった時、頭に浮かんだのはツアンポー峡谷のことだった。ツアンポー峡谷の探検をやり残して、自分はこの後、後悔しないのだろうか。そういえば大学四年生だったあの時、ツアンポー峡谷の探検だけは絶対にやると決めたではないか。入社するまでにはまだ半年ほど時間があった。もしやるなら今しかないだろう。

探検をするための許可は取れなかったし、取るカネもなかった。一緒に行ってくれる仲間はいないことはなかったが、私はひとりで行くことにした。単独は危ないんじゃないか、そう探検部の友人に訊かれた。危ないだろうなと答えたが、それでも誰かを誘おうという気は最後まで起きなかった。それはたぶん、これは自分がひとりで決着をつけるべきことなのだという気負いのような意識があったからなのかもしれない。

この無茶な冒険で自分は本当に死ぬかもしれない、しかし挑戦しないままこの後の人生を過ごしても、いつか後悔する。今考えると、そんなヒロイックな気持ちが当時の私にはたしかにあった。自分でも死ぬかもしれないと思う冒険をなぜおこなうのか、その心境を言葉で説明することはとても難しい。人はなぜ冒険をするのだろう。私はなぜひとりでツアンポー峡谷に行かなければならないのだろう。

当時は別に死の淵(ふち)をのぞいてみたいという衝動があったわけではないし、ハラハラドキドキするようなリスクを求めていたわけでもなかった。ツアンポー峡谷への憧れが強すぎたのだろうか。それはあったかもしれない。少なくとも私にとってツアンポー峡谷は命の危険を冒すだけの魅力がある場所だった。多くの探検家が挑戦して行けなかった場所なのだ。そこに何があるのか見てみたいと思うのは、人間の心情として別におかしな点はどこにもないはずだ。私はツアンポー峡谷の探検史というパズルに残された最後の一ピースを、自分ではめ込もうと決めたのだ。それをやり残したまま新しい人生に踏み出すことなど、自分の中ではあり得なかった。

どうせいつかはやらなければならないことなのだ。もしそれに成功したら、きっと私は自分の人生を少しだけ前進させることができるのだろう。やり残したことに決着をつけることには、何か積極的な意味があるに違いない。そう思っていた。

第一部　伝説と現実の間

第一章　一九二四年

1

ヒマラヤの登山や探検の歴史について興味を持っている者なら、一九二四年という年に何が起きたかピンとくるものがあるだろう。おそらくほとんどの人がエベレストの頂上で起きた、ある有名な遭難劇のことを頭に思い浮かべるはずだ。「そこに山があるからだ」という言葉で知られる英国の登山家ジョージ・レイ・マロリーが世界最高峰の山頂直下で姿を消したシーンは、ヒマラヤや登山の歴史にそれほど詳しくない人にも比較的よく知られている。

一九二四年六月八日のよく晴れた朝、第三次英国エベレスト遠征隊の隊員だったマロリーら二人は、エベレストの頂上を目指して最終キャンプを出発した。二人の姿は午後一時近くになり、別の隊員により目撃されている。ちょうどそれまで曇っていた視界が一時的に晴れ、頂上ピラミッドの近くを登っている二つの黒い影が、最終キャンプの近くにいたその隊員から見えたのだ。だがしばらくするとエベレストは再び雲に覆われ、マロリーはその後、生きてその姿を見せることは二度となかった。

エドマンド・ヒラリーとテンジン・ノルゲイによるエベレストの「正式」な初登頂は一九五三年のことだが、実はマロリーがそれより二九年も前に頂上に立っていたかもしれないというこの物語は、エベレストの登山を語る時には必ず引き合いに出される伝説となった。エベレストを舞台にした物語で、マロリーが最後に目撃されたこのシーンを無視する作品はあまり見かけない。マロリーは死という代償を払うことで、永遠にエベレストの歴史に名前を刻みつけることになった。

その一方で、同じ年にフランク・キングドン＝ウォードというマロリーと同じ英国の探検家が、人跡未踏だったツアンポー峡谷の奥深くを探検したことは、今ではほとんど知られていないだろう。少なくとも日本では、せいぜい専門的な研究者や登山家の関心をひくくらいで、例えばそれは、彼の著作『ツアンポー峡谷の謎』が岩波文庫から発行されて以来、しばらくの間、再版未定の状態が続いていたことからもうかがえる。その裏に、彼の文章が退屈であるという事情があったにしてもである。

マロリーが行方を絶つことになるのとほぼ同じ頃、キングドン＝ウォードはエベレストから東に八〇〇キロ近く離れた、同じチベットのテモ・ラという峠にいた。標高は四二七〇メートル、シャクナゲの灌木に覆われた丘のようなところで、マロリーがいた標高七〇六六メートルの凍てつくノースコルと比べると、ずいぶんのどかな場所だった。彼の職業はプラントハンターだった。人が行かないような外国の辺境で美しい植物の種や苗を集め、それを持ち帰ってロンドンの園芸会社に売る、それが仕事だった。テモ・ラに着いた時には、チベットに入国してからすでに二カ月以上が経っていて、コーダー卿という若いスコットランド人貴族が探検の相棒として一緒だった。

ケンブリッジ大学在学中にボート部の主将を務め、上流階級出身者として登山界の重鎮から愛され、エベレストの高所キャンプで仲間にシェークスピアを読んで聞かせたようなマロリーのエスタブリッシュメントぶりと比べると、キングドン＝ウォードの人生はまさに流浪そのものだった。同じケンブリッジ大学に進学したものの、父親が急逝したため学業を中断し、大学教授の紹介で中国に渡った。それがきっかけでプラントハンターの道に進み、東チベット、雲南省、ビルマ（現ミャンマー）などで植物採集旅行を繰り返した。三七歳の時に結婚し二人の娘をもうけたが、旅に明け暮れる生活を続けたため離婚した。それだけならよく聞く話だが、彼の場合は六二歳の時に、今度は二〇代の若い看護婦ジーン・マックリンと、しかも向こうから求婚されて再婚している。マロリーはエベレストで死ぬことで伝説となったが、キングドン＝ウォードが死んだのはロンドンのパブでビールを飲んでいる最中だった。

だがそれでも、二二回にも及んだという彼の探検の実績は高く評価されている。彼が何度も足を運んだのは、それまで欧米人が足を踏み入れたことのなかった地図の空白部ばかりだったからだ。そしてその中でも最大の成果をあげたのが、一九二四年におこなったツアンポー峡谷の探検だった。

ツアンポー峡谷に行くことはキングドン＝ウォードにとって以前からの夢だったらしい。彼が初めて本格的な探検を東チベットでおこなったのは、実際にツアンポー峡谷を探検する一三年前の一九一一年のことだった。その時はリバプールの園芸会社から頼まれて、ビルマから中国の雲南省、チベット東部の峡谷地帯を踏破した。それ以降もこの地域で植物採集を続けたが、その間も彼は虎視眈々（こしたんたん）とツアンポー峡谷に入ることを狙っていたという。

> 私は前の旅行の折、ビルマからシナに入り、雲南高原を越えて北東方向に旅したが（中略）、究極の目標（ゴール）であったツアンポーの大峡谷は、あまりにも遠くて近づき難く、他の河谷には、なんとか努力してことごとく入り込めたものの、このツアンポーだけにはとうとう到達できなかった。（『ツアンポー峡谷の謎』）

ロマンの追求に一生をささげたキングドン＝ウォードにとって、どこかにナイアガラなみの大滝があるといわれたツアンポー峡谷の謎は無視できるものではなかったのだろう。

彼がツアンポー峡谷を舞台に驚くべき探検を繰り広げるのは、テモ・ラに登った日から五カ月ほど後のことである。その旅の成果により彼は、一九世紀後半から続けられてきたツアンポー峡谷の探検の歴史に、ほとんど完全に近いかたちで終止符を打った。ツアンポー峡谷の謎は当時の地理学の世界における最大のロマンだったが、彼が説得力のある答えを出したことで、地球の表面からこのような魅力的な地形上の秘密は、ほぼ失われてしまったのだ。

キングドン＝ウォードが挑んだツアンポー峡谷の謎の歴史は一八世紀にまでさかのぼる。

2

チベットの中心都市ラサから車で東に向かうと、四時間ほどでバー・ラと呼ばれる大きな峠にさしかかる。標高約五〇〇〇メートル、この峠を越えると、その先はコンボと呼ばれる地域に変わる。乾燥した大気のせいで月のように荒涼としたチベット高原独特の風景は、このコンボに入ると一変する。突き抜けるように青かった空には重い鈍色(にびいろ)の雲がたちこめ、ごつごつした岩がむき出しだった山には濃い緑が生い茂るのだ。チベット高原が乾燥しているのは、ヒマラヤの高峰が壁となりモンスーンの湿った空気が南から入り込むのを防いでいるからだが、このコンボでツアンポー川はそのヒマラヤ山脈を深く切り裂き、大峡谷を形成してインドに流れ込んでいる。それが巨大な通気孔となり、南から湿った空気が入り込んでくる。コンボが緑の生い茂る、チベットの中でも特異ともいえる景観をなしているのはそのためだ。

コンボ・チュラク——水の消えるところ。巨大な峡谷部に吸い込まれ、ヒマラヤの山中にいつの間にか姿を消すツアンポー川は、「謎の川」として、古代チベットの人々からそう呼ばれてきた。ツアンポー川はヒマラヤのこの峡谷で姿を消した後、いったいどこに流れ込むのか。インドだろうか、ビルマだろうか。ツアンポー川の謎はこの問題から始まった。とりわけ一七世紀からチベットの南のインドに進出していた英国にとっては、植民地経営の観点からもその謎を解くことは重要だった。

そのツアンポー峡谷に探検家として最初に現れたのはキントゥプという男だった。キントゥプはインドのシッキム地方で仕立屋をしていたレプチャ族の若者で、筋骨はたくましかったが、教育がなく読み書きはできなかった。本来ならインドの片隅で地味に生きていくはずだった彼の人生は、ツアンポー峡谷を探検したことで大きく変わった。

キントゥプは広い意味で、いわゆる「パンディット」と呼ばれる当時の探検スパイのひとりだった。パンディットとは英領インドの測量当局が一九世紀後半から、チベットの探検を進めるために雇った現地人のことである。チベットは当時、頑なに鎖国体制を守り続けていたので、英領インドは現地人に測量技術を仕込み、潜入させざるを得なかったのだ。測量を目的にしていることがばれないよう、彼らは数珠を片手にマントラを唱えながら仏教巡礼者のふりをして潜入し、夜中にこっそり六分儀で星を観測して経緯度を測定したという。

パンディットたちは一八六〇年代からインド北西部の辺境地域の探検で活躍していたが、一八七〇年代に入ってからはツアンポー川の謎を解くためにも送り込まれるようになった。当時、ツアンポー川はヒマラヤの峡谷部で姿を消した後、ビルマのイラワジ川になるのか、インドのブラマプトラ川になるのか議論が分かれていた。何人かのパンディットの手によりどうやらアッサムに流れてブラマプトラ川になるらしいという状況証拠が集まってきたが、それでも地理学的に完全に証明されるには至っていなかった。

キントゥプが探検史の舞台に登場したのは、そういう時代だった。きっかけは偶然みたいなものだった。ヘンリー・ジョン・ハーマンという当時のアッサムの測量責任者が、ネム・シンという自分のチベット語教師をパンディットにして、ツアンポー峡谷を探検させることに決めたのだが、その助手としてネム・シンの手下の肉体労働者だったキントゥプも一緒に行かせることにしたのである。ネム・シンとの旅は一八七八年八月から始まった。彼らは、それまでどのパンディットたちも越えられなかった村をはるかに越え、ラサから東に四六〇キロも進んだギャラという村まで到達した。このギャラという村は今でもツアンポー峡谷上流側の最奥にある、車道もないひなびた山村である。その意味からいえば、ネム・シンとキントゥプはツアンポー峡谷を実際に目にした最初の外国人であり、その成果は大きかった。

しかし、二人を送り出したハーマンにとっては、それだけではまだ十分ではなかった。ツアンポー川の謎を解くためには、この川がアッサムでブラマプトラ川になることを確認しなければならなかった。ちょうどこの頃、ある偏執的なビルマの技師が、ツアンポー川は下流でイラワジ川になるという時代遅れの説を盛んに蒸し返しており、アッサムの測量責任者であるハーマンとしては、それを放っておくわけにもいかなかったのである。次の探検ではツアンポー川がブラマプトラ川になることを完全に証明しなくてはならない。ハーマンはその役に、前回ネム・シンの助手だったキントゥプを選んだのである。

読み書きができないというパンディットとしては致命的な欠点をもっていたにもかかわらず、なぜハーマンがキントゥプを選んだのか、はっきりとした理由は分からない。ただ前回の実績があったことや実直で忠実、強い芯をもっているという彼の性格が買われたことは十分に考えられる。
キントゥプは当時、三一歳という働き盛りの年齢で、シッキムの町ダージリンで仕立屋を開く一方、旅行者相手の案内人としても活動していた。後年、彼をポーター頭として雇った有名なヒマラヤ研究家のローレンス・ワッデルは、著書『ヒマラヤにおいて』の中で、キントゥプのことを《無骨で風雨にさらされた風貌の裏には、一度決めたことは必ず成し遂げる意志の強さのようなものをみなぎらせている》とほめたたえている。《私は数マイル先の丘の上から、彼の野太い声を何度かはっきりと耳にしたことがある。まるで嵐に遭った時の船長のような声だった。（中略）どんなことがあっても動じず、決してそばから離れない、本当に頼れる男である》
キントゥプのボスであるハーマンは読み書きのできる中国人のラマ僧（モンゴル人との説もある）を彼につけ、二人に次のような密命をくだした。ツアンポー川を忠実にアッサムまで下れ。それが無理な場合は印をつけた丸太をツアンポー川に投げ入れろ、と。上流から丸太を投げ入れ、それがアッサムまで流れてくれれば、ツアンポー川とブラマプトラ川がつながっていることを証明できる。それさえ分かればツアンポー川は謎の川ではなくなるのだ。
キントゥプとラマ僧は一八八〇年の夏にダージリンを旅立った。ラサから物乞いをしながら東に向かい、途中の村でラマ僧が、聖職者なのに人妻と不倫関係に陥るというハプニングがあったものの、七カ月後には前回の探検で到達した最奥の村ギャラまでやって来た。二人はさらにそこから峡谷を二日間下り、ペマコチュンと呼ばれる場所に着いた。ペマコチュンには一軒だけ僧院が立っており、七、八人の僧侶が暮らしていた。だがそこから先の道が見つからず、二人はやむなくギャラに引き返した。

ペマコチュンまで行った時点で地理的な成果という意味では大きな価値があったが、実はキントゥプが苦労したのはそこから先だった。一緒に行ったラマ僧に裏切られ、ある地方の知事に奴隷として売り払われてしまったのだ。なんとか一〇カ月後に脱走し、キントゥプは逃げるようにツアンポー峡谷を南下する。しかし目的地のアッサムまで目と鼻の先という、マルプンという僧院まで来た時、奴隷主だった知事が放った追手においつかれてしまった。キントゥプはマルプン僧院の大ラマの足もとにひざまずき懇願した。自分は巡礼に向かう途中なのです、どうか追手に身柄を預けないでください。すると大ラマは、五〇ルピーでキントゥプの身柄を預かるという手紙を知事宛てに書き、ことをまるくおさめてくれた。

しかし今度は、なんとかマルプンから抜け出さなければならない。彼にはツアンポー川がインドに流れ込むことを証明するという大きな仕事があったのだ。四カ月半働き、巡礼に出たいと申し出ると、大ラマは休暇を認めてくれた。ところが、アッサムに抜けるだけの資金が残っていない。キントゥプはボスであるハーマンとの、もうひとつの約束を思い出した。アッサムに下れない場合は川に丸太を投げ入れろと、たしかにハーマンはそう言っていたのだ。彼は五〇〇本の丸太を切り出し、マルプンの近くの洞窟に隠すと、それから今度は西に五〇〇キロ離れたラサまではるばる戻り、ダージリンに向かうという旅人を見つけ、その人に口述で手紙を託した。その手紙には次のように書かれていた。

閣下、私と一緒に送り出されたラマ僧は、私を奴隷として知事に売り払い、政府の支給品を持って逃げてしまいました。そのため旅は最悪のものとなりました。しかし私め、キントゥプは、ハーマン大尉の命令に従い五〇〇本の丸太を用意しました。チベット暦チュルクの一〇月五日から一五日にかけて、私はペマコの土地にあるビプンというところから、ツアンポー川に一日五〇本の丸太を投げ入れるでしょう。(「ダージリンからギャラ、シンドンに至るキントゥプの旅の物語」『インド測量局の記録　第八巻第二部』)

この手紙はダージリンにいる、前回一緒に探検したネム・シンにあてて書かれたものだった。ネム・シンは手紙をハーマンに届けてくれるだろう。旅人に手紙を託すとキントゥプは再び五〇〇キロの道のりを旅してマルプンの近くの洞窟まで戻り、隠しておいた丸太を一日五〇本ずつ川に投げ入れた。ダージリンでハーマンが見つけてくれることを信じて。

キントゥプは番犬のようにどこまでも忠実な男だった。ダージリンに戻ったのは一八八四年一一月、出発から四年以上が経過していた。本来ならば彼の探検でツアンポー川から「謎の川」という枕詞(まくらことば)はぎとられ、この川がインドでブラマプトラ川になることが完全なかたちで証明されたはずだった。しかし残念ながら、現実はそうはならなかった。キントゥプが放り投げた丸太は誰にも気づかれることなく、ベンガル湾に流れ去ってしまっていたのである。手紙はたしかにダージリンにいるネム・シンのもとに届いた。だがネム・シンからハーマンに届けられることはなかった。というのも手紙がネム・シンのもとに届く直前にハーマンは病気のためにインドを去り、キントゥプが帰国する一年半前に結核性の肺炎で死亡していたのだ。

しかしそれでもキントゥプの探検が、まったくの無駄だったというわけではなかった。それは彼がこの探検によって三〇〇〇ルピー（現在の金額で約二二〇万円）の報奨金を受け取ったということのほかに、彼の報告の中にそれから一〇〇年以上にわたり探検家のロマンチシズムをくすぐる重大な内容が含まれていたからだった。

キントゥプはインドに帰国してから二年後に、この探検の経過を他のパンディットに口述報告した。その報告は英訳されて刊行されたが、その中に、ペマコチュンという僧院がある場所の記述として、次のような一文が掲載されていたのだ。

僧院とツアンポー川は二チェーン（筆者註：約四〇メートル）離れており、そこから二マイル（同約三キロ）ほど下ると、川はシンジチョギャル（シンチェチョウギェ）と呼ばれる一五〇フィート（同約四五メートル）ほどの断崖から、滝となって落ちている。滝の下には大きな池があり、いつも虹が見られた。（前掲書）

ヒマラヤの謎の川として長い間、探検家をてこずらせてきたツアンポー峡谷、その奥地にまだ誰も目にしていない巨大な滝が存在している——。

このレポートは当時の地理学者や探検家たちに淡い幻想を抱かせた。多くの探検家がアフリカのビクトリア滝のことを思い起こしたという。有名なスコットランド人探検家デビッド・リビングストンは一八五五年、ザンベジ川の奥地で地元の住民が「モシ・オア・トゥニャ（雷鳴する煙）」と呼ぶ巨大な滝を発見した。その時、リビングストンはこう言ったと伝えられている。《それはヨーロッパ人の目に未だ触れられたことのないものであった。しかしこのような美しい光景は、天空を飛翔する天使たちに眺められていたに違いない》（『世界探検家事典』）

キントゥプの報告はこのリビングストンの栄光を呼び起こすのに十分なものだった。後に英国王立地理学会の会長を務めるトーマス・ホールディック卿は、一九一二年一二月二日の同学会で、ツアンポー峡谷には《滝が存在していると信じている》と演説した。《経験を積んだ探検家たちの手により今、地球上に残された未探検地域は確実に狭まりつつある。それだけにインドの北東辺境地域のはるか向こうに、まだ謎が残った小さな一角が存在することを我々は素直に喜ぶべきだろう》（「ジオグラフィカル・ジャーナル」第四一号、一九一三年）

滝の存在はなにもばかげたおとぎ話ではなかった。ギャラからアッサムにかけての峡谷地帯で、ツアンポー川は予想以上に高度を落としているというのが、その大きな根拠のひとつだった。当時分かっていたギャラなどの海抜高度とアッサムのそれを比べると、ツアンポー峡谷で川は二〇〇〇メートル以上も高度を落としているのだ。その中にキントゥプの報告する四五メートル程度の滝があっても、まったく不思議ではない、そう考える地理学者は少なくなかった。《その区間では八〇〇〇フィート（筆者註：約二四〇〇メートル）も高度が落ち込んでいる。もしこの未知の一角が完全に探検されたならば、想像もできないような壮大な光景――それは自然に残された秘密の中では最後の、おそらく最も素晴らしいもののひとつ――が目の前に姿を現すであろう》（「英国王立地理学会会報新シリーズ」第一号、一八七九年）

またキントゥプの報告以前にも、ツアンポー峡谷に大滝があるとの噂はあった。《重要な情報がバタンのラマ僧から寄せられた》という記事が同会報の第三号（一八八一年）に載っている。《そのラマ僧が言うには、そこでツアンポー川は大地を引き裂きながら大きく南に向きを変える。そこで川は切り立った崖のせばまる中を流れている。ラマ僧はこの地域の人たちに、こう言われたという。この険しい峡谷をしばらく下った後、ツアンポー川は巨大な滝にぶちあたるのだ、と》

こうした記事や予測に補強され、キントゥプの報告はツアンポー峡谷に大滝があるとする説の大きな根拠となった。しかし彼が最後まで不運だったのは、「無学文盲である」という評価がどこまでもつきまとったことだった。字が書けなかった彼は、すべてを記憶に頼って報告していたため、懐疑的な地理学者たちを説得するだけの信頼性に欠ける面が、たしかにないこともなかったのだ。そのためインド測量局の外部では、その報告はほとんど信用されなかったという。

キントゥプの大滝について様々な論争が巻き起こる中、彼自身は自分の探検がそのような波紋を巻き起こしていることなどまったく知らずに、故郷のダージリンで仕立屋としての生活を続けていた。地理学界でそれほど大きな話題をさらっていたにもかかわらず、その当事者に会って話を聞こうとした学者やジャーナリストはいなかった。センセーションを起こした幻の大滝とは対照的に、キントゥプ本人はすっかり忘れ去られ、伝説の存在として過去の遺物の中に放り込まれていた。

キントゥプの報告がきわめて正確であったことは、後に英国の探検家フレデリック・マーシマン・ベイリーによって証明された。ベイリーはツアンポー峡谷のさらに奥深くまで入り込み、キントゥプの報告にほとんど間違いがなかったことを明らかにしてみせた。彼は後年に書いた「キントゥプの話」（「ジオグラフィカル・マガジン」第一五号、一九四三年）という記事の中で、キントゥプの報告は《全体的に驚くほど正確だった》と振り返っている。《教育を受けていない者は記憶力に優れている。メモも取っていないのに、どうやったら正確な距離やサイズ、何年も前に訪れた村々の描写や位置関係などを報告できるのだろう》と。

ただベイリーはこの記事の中で、キントゥプの報告の中にはいくつかの間違いがあり、その中のひとつがきわめて重大なものであったとも指摘していた。

皮肉なことに、その間違いのひとつというのが、最もセンセーションを巻き起こした大滝についての報告だったのである。

3

フレデリック・M・ベイリーがツアンポー峡谷に向かったのは、キントゥプの探検から約三〇年が経った一九一三年のことだった。彼の探検は、ある殺人事件が直接のきっかけとなっていた。アッサムの政務官補が山地民族であるアボール族に殺害されたのだ。

アボールやミシュミといったアッサムの山地民族は凶暴なことで知られ、長い間この地域を目指す探検家にとって大きな障害となってきた。ベイリーの探検の六〇年ほど前には二人のフランス人宣教師が殺害されており、山地民族に対する探検家の警戒感はかなり強いものがあった。政務官補が殺され激怒した英領インド当局は、アボール族を討伐するために遠征隊を出すことを決め、インド政治局員として政府内部にいたベイリーもこの遠征隊に参加することになった。

ベイリーは単独行動を好む探検家だった。中国とチベットの政治的な利害が絡み合うこの地域で、大規模な遠征隊など組んだところでうまくいくわけがない。それよりチベット語が話せて、この国の習慣に通じている探検家が個人的に旅をするほうが、国境ラインや現地の村々をうまく通り抜けられる。それが彼の考え方だった。彼は遠征隊が一九一三年四月に引き上げてから、あくまで個人的に以前から狙っていたツアンポー峡谷の探検に向かうつもりだった。

だがその計画を英領インド政府に電報で知らせると、今後は指令なしで行動してはならない、という禁止の伝言が届けられた。役人としては少々型破りだったベイリーは、どうやらこの命令を無視することにしたらしい。目の前に地理学の最大のロマンが眠っているというのに、組織内の責任だとか将来の出世だとかに頭が回るような、彼はそんな常識に縛られる人間ではなかった。彼の計画に理解を示してくれた隊長の了解のもと、必要な物資を遠征隊から借り受け、あらかじめ探検に誘っていた優秀な測量官ヘンリー・モーズヘッドを伴い、ベイリーは一九一三年五月、アッサム奥地の村からツアンポー峡谷に向かった。

ツアンポー大屈曲部は上空から見ると、大雑把にいって「逆Uの字」型を描いて屈曲している。「逆Uの字」の左（西）が上流で、右（東）が下流、頂点の部分はポー川という支流との合流点になっている。上流側のほうにギャラの村やペマコチュンの僧院があり、キントゥプはペマコチュンとポー川合流点との間を未探検のまま残していたので、ベイリーはそこを目指すことにした。彼はアッサムを抜けるとツアンポー峡谷沿いの山道をさかのぼり、一度谷を離れて迂回（うかい）した後、キントゥプと同じ上流側の最奥の村ギャラへとやって来た。

ベイリーがギャラに到着したのは七月一七日だった。しかし彼はその村で、おそらく思いもよらなかったであろう事実を知ることになる。村の対岸の支流にかかった小さな滝が、シンチェチョウギェと呼ばれていたのだ。ベイリーは『ヒマラヤの謎の河』の中で、その滝の様子をこう描写している。《対岸には数戸の家とギャラ・ゴムパ（Gyala Gompa）という僧院があり、絶壁の間を小さな流れが落ちていた。流れの中には鎖でつないだシンチェ・チョゥ・ギェ（Shingche Chö Gye）と呼ばれる神像があり、二月、三月の減水期には、水を通して見えるということであった》。そして次のように指摘した。《キントゥップと、ミピで老僧がいっていたのは、明らかにこの滝であった》

キントゥップの報告にあったのは、ツアンポー川はペマコチュンの近くで「シンジチョギャル」という四五メートルの大滝になっているという話だった。しかしギャラの村の対岸には、その「シンジチョギャル」と同じだと思われる、「シンチェチョウギェ」という名前の小さな滝がある……。

彼はさらにツアンポー峡谷の奥へ歩を進め、キントゥップの報告の中で大滝があるとされた問題のペマコチュンまでやって来た。だがそこで見たものは、やはりキントゥップが報告した四五メートルの大滝などではなく、奔流とでもいうべき凄まじい水の勢いにすぎなかった。《約四五メートルの狭い切れ目を、ものすごい勢いで水が流れていた。左手には急流が渦巻き、下方右手では流れが岩棚を越えて九メートルほど落下し、その水煙が滝の上、六メートルほどのところにたなびいていた》

キントゥップの報告した大滝はペマコチュンにはなかった。彼が見たシンジチョギャルの滝とは、やはりギャラの対岸にある、あの小さな滝のことであるらしい。どこかで何かが間違っていたようだ。ただキントゥップの報告が誤りだったらしいと分かっても、ベイリーは大滝の存在を完全に否定することはできなかった。彼はペマコチュンから先の、キントゥプも進めなかった峡谷のさらに奥を目指し、旅を続けた。大きな尾根に出くわしては苦労して越え、獣道をたどり、峡谷の向こうからやって来た現地のモンパ族の後をついていき、先へと進んだ。だが最後は川沿いに立ちはだかる巨大な岩壁を越えられず、それ以上奥へ向かうのをあきらめた。

ベイリーがインドのカルカッタに戻り、床屋で髪を切り、身なりを整えホテルにいると、彼のもとに新聞記者たちが殺到した。滝はあったんですか？　彼らは今世紀最大の地理的ロマンに終止符を打つのにふさわしい物語を期待していた。

だがベイリーは記者たちに向かって、滝はないと怒鳴りつけた。急流が続いて、一カ所大きな落ち込みがあっただけだ。そんな話に記者たちは納得しなかった。キントゥプという男はどうなんですか。瀑布があると言っていたじゃないですか。たしかに同じ場所に行ったんですか。彼が発見できたものを、どうして発見できなかったんですか。

新聞には意外な記事が載った。滝はなかったと言い放ったベイリーに探検界の大物から批判が寄せられたのだ。かつて滝の存在を信じると演説したトーマス・ホールディック卿がモーニング・ポスト紙に、滝が本当になかったのか、十分な証拠集めがなされたのかと疑問を表明していた。ベイリーはこの談話を見て強く反発した。彼らは何も分かっていない、キントゥプの滝などツアンポー峡谷には存在しないのだ。おそらくベイリーの頭にはそのキントゥプのことも同時に浮かんだはずだ。ホールディック卿をはじめとした大滝の存在を信じ続ける「ロマン派」にその根拠を与えたのは、そもそも彼の報告だったのだ。

ベイリーはキントゥプのことを伝説の人物と考えていた。キントゥプがツアンポー峡谷を探検したのはベイリーがちょうど生まれる頃だったし、インド測量局でもキントゥプはなんの根拠もなく死んだことになっており、格別な関心は払われていなかった。だがよく考えてみるとキントゥプが探検をしたのは三一歳の時で、まだ六〇歳を少し超えたぐらいだ。ひょっとしたら彼は生きているのではないか。インドのシムラという町に来た時、ベイリーは彼がどこにいるのか知り合いの情報通に調査を依頼してみた。するとその情報通からすぐに、彼を見つけた、ダージリンで仕立屋をやっているという返事が来た。ベイリーはすぐにキントゥプをシムラへ呼んで、話を聞いてみることにした。

その伝説の男が姿を現したのは、それから数日経ってからのことだった。鼻の下とあごに長い白髪のひげをたくわえ、チベットの伝統衣装であるチュバに身を包み、足は裸足、頭には丸い縁なし帽をかぶり、哀愁を帯びてはいたものの眼光にはまだ鋭さがあった。

二人は数時間にわたり話し込み、大滝のことにも話が及んだ。

「あなたが報告したツアンポーの大滝についてはどうだったんですか」とベイリーは訊(き)

いた。

「ツアンポー川に大きな滝があると言った覚えなどありません」

「言わなかったんですか」

「ええ」とキントゥプは言った。「ペマコチュンで見たのは虹のかかる大変な急流だけです」

キントゥプが探検後に報告したのは、ペマコチュンに急流があるということと、ギャラの村の対岸に、シンジチョギャルという小さな滝があることだけだったという。それはベイリーが見たのと同じ光景だった。キントゥプが報告した大滝は、彼の話を口述筆記したパンディットかそれを英訳した者が、シンジチョギャルとペマコチュンという二つの地名を誤って伝え、その結果生みだされたものだった。つまり、ただの誤報だったのだ。翻訳の際にちょっとしたミスがあったという、それだけの話だった。それがロマンを求める探検家の後押しを受けて肥大化していたのである。完成した報告書をキントゥプが読んで訂正することもなかった。彼は文字を読むことも書くこともできなかったからだ。

キントゥプとの会談を終えた一九一四年六月二二日、ベイリーは王立地理学会でツアンポー峡谷の探検について講演した。前列の席にはベイリーの探検を批判したホールディック卿が座っていた。ベイリーは大滝の謎についてこう指摘した。

この未知の区間のあたりで、モンパ族はよく川の右岸でターキン（筆者註：ヒマラヤに住むウシ科の動物）の猟をおこなっている。その彼らが私にこう言った。所々、急流となって落ち込んでいる場所を見たことはあるが、巨大な滝などまったく知らない、と。この近辺に巨大な滝があるのに彼らが知らないことなど、ありそうにない話だ。（「ジオグラフィカル・ジャーナル」第四四号、一九一四年）

ベイリーの報告には有無を言わせぬ迫力があった。キントゥプの滝に関しては、落差四五メートルと伝えられていた滝は、九メートルの急流が過大に伝えられたものだったと断定した。ベイリーの探検により、ツアンポー川がアッサムに流れ込みブラマプトラ川となることも完全に証明された。彼はこの講演で、ツアンポー峡谷にはもはや謎などなくなったと宣言したのだ。キントゥプの滝など、どこにも存在しないのだ。

そしてそのキントゥプはベイリーと会談してからわずか数カ月後、自らの歴史的使命を終えたかのように、波乱の生涯に幕を下ろした。

4

ツアンポー峡谷には噂された大滝など存在しない。そう結論付けたベイリーの探検は説得力に満ちあふれていた。今やすべての疑問は解決された。多くの地理学者はそう考えた。

しかし、だがちょっと待て、と考える探検家がまだもうひとり残っていた。それがベイリーから一一年後の一九二四年に、ツアンポー峡谷を探検したフランク・キングドン＝ウォードだった。

なるほどたしかにキントゥプの報告にあった大滝については、ベイリーにより答えが導き出されてはいる。しかしだからといって、ツアンポー峡谷に大滝が絶対にないかといえば、必ずしもそうとは言い切れまい。それが伝説に対する彼の考え方だった。ベイリーはキントゥプよりさらに峡谷の奥まで進んだが、それでもペマコチュンと大屈曲部の頂点との間に横たわる最も険しい区間は、人跡未踏のまま残されていたのだ。

ベイリーとモーズヘッドとは、途方もない困難を克服して、これよりさらに一〇マイル（筆者註：約一六キロ）ほどツアンポーについて行ったものの、依然として目ざす滝はなかった。しかし、五〇マイルかそこらの空白が残ってしまい、そこはまるっきりなにも知られていなかった。（中略）巨大な滝が存在するという、この未知の峡谷の深淵部（しんえんぶ）に、一体そんな滝が身を隠すことができるのだろうか。

こうしたこともまったくありえないことでなく、ひとつわれわれが解答を引き出して解決してしまおうじゃないか、というのがこの問題だった。できることなら、この峡谷を詳しく踏破し、その心臓部から最後の秘密を引き剥がしてやろうとしていた。(『ツアンポー峡谷の謎』)

キングドン＝ウォードはチベットに出発する前、ベイリーと会っていた。ベイリーは当時、政務官としてシッキムの首都ガントクに駐在しており、チベットを訪れる探検隊や旅行者に援助の手を差し伸べていた。キングドン＝ウォードもその例にならい、チベットに入域する前に彼のもとを訪れた。ベイリーとの会談を終えたキングドン＝ウォードは三月二三日、インドからチベットに入国し、それからツアンポー峡谷の空白部に入るまでの八カ月間、峡谷の周辺を放浪し植物採集を続けた。トゥムバツェという村の周辺では、ベイリーが一九一三年に発見して持ち帰った「ヒマラヤの青いケシ」の完全な標本と種子を採集し、世界的に有名なこの花を普及させるのに大きな役割を果たした。

一九二四年一一月一六日、キングドン＝ウォードは相棒のコーダー卿と最奥の村ギャラを出発し、ツアンポー峡谷の空白部へと向かった。川沿いに道を切り開きながら進み、四日後には、キントゥプの探検で大滝があるといわれたペマコチュンに到着した。大きな谷と大きな尾根を越え、一一月二五日にはベイリーが引き返したと思われる大きな断崖に到達した。彼らはロープを使ってこれを越え、ベイリーすら越えられなかった地図の空白部に入り込んだ。峡谷の険しさはいっそう増し、一日の進行速度は目に見えて遅くなった。

ギャラを出発して約二週間が経った一一月二九日、膨大な山崩れの向こうで、それまで東に進んできた川が突然、北向きに方向を変えた。周りは一〇〇〇メートル近い灰色の岩壁に囲まれ、その切り立った断崖に向かって川は激しくぶつかっていた。

そしてその先でキングドン＝ウォードはついに見つけた。もはや存在しないだろうといわれてきた滝があるのを、その目で見たのだ。《もう耳は、つんざくようなかん高い轟音（ごうおん）でいっぱいだった。岩角を曲り、いま一度、真下で川をのぞく前に、われわれの立っている所から半マイル内の岩上に懸る、巨大な水煙の光景を望んだ。「とうとう滝に来た」と、私は思った！》（前掲書）

だが近づいてみると、その滝は彼が期待していたようなものではなかった。キングドン＝ウォードは《たしかに滝であり、多分、高さ四〇フィートはあるだろう。そして、巻き上げられる水煙の雲の中で、見えたり隠れたりするすばらしい光景だった》と書いてはいる。だがその後に《しかし》と続け、期待を裏切られた気持ちを率直に言い表している。《三〇か四〇フィートの滝では、たとえツアンポーにあったとしても、これまでおびただしい探検家たちが目ざしたゴールである、「ブラーマプトラ川に懸る瀑布」

というロマンスを誘う滝を意味するような、そんな「滝」と呼べる代物ではない》

この時、キングドン＝ウォードが見たのは滝の上からの光景だった。下におりようにも絶壁に行く手を阻まれ、それ以上先には進めなかったのだ。彼は滝の高さを四〇フィート、つまり一二メートルほどと推測し、「虹の滝」という世界で何百個目になるか分からないようなありふれた名前をつけて、落胆した。キングドン＝ウォードはツアンポー峡谷の大滝に見合う大きさとして、一〇〇フィート（約三〇メートル）という基準を設定していたのだ。せめて三〇メートルくらいないと、ツアンポー峡谷の伝説が作り上げてきた風格には見合わない。一二メートルの滝では話にならないのだ。

だがそれでも大滝を見つけようという意気込みは衰えず、彼は雨の中、虹の滝の周りの巨大な岩壁帯を草木をつかんでよじ登り、いったん峡谷から抜け出すと、そこから大屈曲部の頂点であるポー川と本流との合流点に向かった。今度はこの合流点から上流に向けて探検しようというのだ。もしツアンポー峡谷に大滝があるのなら、合流点と虹の滝の間に残された最後の空白部にあるとしか考えられない。《もしここのどこかに、この半世紀の間、地理学上の謎とされてきた「ブラーマプトラの瀑布」があるとしたら、そして最終的な解決——滝があるか？　それとも滝はないのか？——は、いまわれわれの手中にあった。われわれの興奮の度合がどんなだったかは、ご想像願えよう》

キングドン＝ウォードは合流点から上流に向かって延びる猟師の踏み跡を発見し、その道を近くの村のモンパ族に案内させた。そこから川に向かってジャングルの斜面を下っていくと、虹の滝とは違う新たな滝を発見した。しかしこの滝も高さ一〇メートル少々にすぎず、彼はこの滝に「ブラマプトラの滝」という名前をつけた。

キングドン＝ウォードは高度計算をしながら探検を続けていたが、その結果、虹の滝から合流点の間の約二四キロで川は高さを五六五メートルも落としていた。この値は大滝の存在を十分想定できるものだったが、案内を頼んだモンパ族の男は、彼のそんな最後の期待を打ち消した。これが一番大きな滝だと、そのモンパ族の男はブラマプトラの滝を指差して言ったのだ。男によると、峡谷には七五の滝があるという言い伝えも残されているという。もしそれが本当なら、七五の滝は計算上、それぞれ高さ六、七メートルの早瀬や落ち込みにすぎないことになり、大滝の存在を想定する必要はない。

キングドン＝ウォードはそのモンパ族の男の話に納得し、自らの探検に幕を下ろした。

5

キングドン＝ウォードが死んだのは一九五八年四月八日のことだった。その時、彼は妻のジーンとともにロンドンのケンジントン通りにあるパブにいた。ジーンはキングドン＝ウォードにとって二人目の妻で、結婚した時点で彼はすでに六二歳、一方のジーンはまだ二〇代という歳の差約四〇歳の仰天カップルだった。二人は結婚後、ビルマやアッサムに何度も植物採集旅行に出かけ、パブで仲良くビールを飲んでいたこの時も、次のベトナム旅行の計画に夢中になっていた。チャールズ・ライトによる伝記『フランク・キングドン＝ウォード』によると、彼はパブでまず足がしびれると言ったという。それから立ち上がってよろめきながら、数歩あるいた後、突然しゃがみ込んだ。病院に運ばれた後、すぐに意識がなくなり、昏睡（こんすい）状態が続き六〇時間後に死亡した。七三歳だった。

探検に出かけ、たまに帰国しては植物の種や苗木を売り、本を執筆し、そしてまた探検に出かける、そんな生き方を彼は生涯貫き通して死んだ。一生のうち二回だけ安定した職につく誘いがあったというが、熟慮の末に結局断り、フリーランスのプラントハンターとして過ごした。植物採集に対する情熱は、ツアンポー峡谷で一緒だったコーダー卿をいらつかせるほどだった。伝記に引用されたコーダーの日記には《彼の後ろを歩いていると、まったく頭がおかしくなる》とキングドン＝ウォードへの文句がつづられていたという。《もし再び旅に出るとしても植物学者とだけは絶対にごめんだ。彼らときたらいつも立ち止まっては、草に見とれてばかりいる》。もちろん経済的にはぎりぎりの生活で、女王陛下から勲章を授かる時でさえ、友人から衣装を借りなければならなかった。

探検家としての彼の名声は、中央アジアの探検に活躍したスヴェン・ヘディンやオーレル・スタインには遠く及ばないかもしれない。だが二二回にもおよんだ探検の回数やその成果は、決して彼らに劣るものではなかった。その中でも一九二四年のツアンポー峡谷探検は、地理的なという意味では最も成果をあげたものだった。彼自身この探検に強い誇りを抱いており、自宅の庭には現地から持ち帰ったツツジやシャクナゲの苗木を植えて、ツアンポー峡谷のミニチュアを再現していたという。

一九二五年五月二五日、キングドン＝ウォードはツアンポー峡谷の探検の成果を報告するため、英国王立地理学会に招かれた。席上でキントゥプに始まる探検の歴史を完成させた男であると紹介され、有名な探検家であるフランシス・ヤングハズバンドからもこれ以上ない賞賛を浴びた。人生の絶頂ともいえる舞台で、キングドン＝ウォードはツアンポー峡谷の大滝の伝説について、次のように述べている。

《私たちが目にしていない川の流れはまだ四、五マイルはありそうだった。だがモンパ族は、私たちが見た以上に大きな滝は存在しないと言っていた。（中略）チベット高原からアッサム平原に至るツアンポー川の大きな高度差を説明するのに、巨大な滝の存在を想定する必要はなかったのだ》（「ジオグラフィカル・ジャーナル」第六七号、一九二六年）

一九二六年に出版した『ツアンポー峡谷の謎』の中では同じことを次のように書いている。

《われわれが目にしていない残りの五マイル内に、大瀑布の存在する見込みはまずないと思われた》

ベイリーと同じようにキングドン゠ウォードもまたこうした言葉で、ツアンポー峡谷の謎と探検が事実上終了したことを宣言した。自分の探検によって、この峡谷でまだ確認されていない区間はわずか五マイル、約八キロにすぎなくなった。そしてこの五マイルに滝がある可能性はまずないだろう、と。

しかし約七〇年後、探検の終了を宣言したはずのこの言葉がある種の引き金となり、ツアンポー峡谷に新たな探検の時代の幕が切って落とされることになる。フレデリック・M・ベイリーの伝記『国境のかなた』の著者アーサー・スウィンソンは、キングドン゠ウォードによる探検の結果も踏まえたうえで、ツアンポー峡谷の将来を次のように予言した。

いつの日かシナがチベットの支配を緩和し、インド北東国境の探検が再びはじまるだろう。人びとはツァンポ河最後の数キロを見に行き、登山家はナムチャ・バルワ、ギャラ・ペリに足跡をしるすだろう。(『国境のかなた—大探検家ベイリーの生涯』)

この予言は不気味なほどぴたりと当たった。一九五九年にチベットを占領した中国共産党は、インドとの国境に近いツアンポー峡谷を厳重に立ち入り禁止にしたが、一九九〇年代に入り突然、外国の遠征隊に対し門戸を開き始めたのだ。その時代に新しい探検の担い手となったのは主に米国の隊だった。彼らはカヌーやラフティングという新たなアウトドア技術を用いて、ツアンポー峡谷に残された未探検地を埋めようとした。そしてキングドン゠ウォードが探検できなかった五マイルを、現代まで残った最後の地理的空白部としてこう呼んだ。

ファイブ・マイルズ・ギャップ、「空白の五マイル」と。

この言葉が持つ美しい響きは、大滝の伝説に変わる新たなロマンをツアンポー峡谷に与えることになった。現代の探検家たちは空白の五マイルを伝説的な未探検地と呼び、その言葉に魅せられたかのように、キングドン゠ウォードの残した最後の空白部に新たな冒険を見いだしたのだ。

その新しく始まった探検の時代に、米国の隊にまざって、日本の遠征隊もツアンポー峡谷を目指して探検に向かった。この遠征隊はツアンポー峡谷における世界初の川下りをひとつの目的にしており、ＮＨＫの番組制作も兼ねていた。

しかしその結末は悲劇に終わった。

第二章　憧憬の地――二〇〇二年一二月　ラサ

　海抜約三七〇〇メートル。富士山の高さに匹敵するチベットの中心都市ラサの冬は、誰もが想像するほどの寒さではなかった。夏の時季に比べると雨が降ることが少なく、むしろ昼などは太陽が強く照りつけ、暑いくらいだった。

　二〇〇二年一二月一〇日、早稲田のアパートを出発し、成田空港を飛び立った私は中国四川省の成都に向かった。ホテルの中にある旅行代理店でラサ行きの航空チケットを買い求めると、眼鏡で胸のでかい受付の女性が、チベットへの入域許可証と一緒にいともあっさり用意してくれた。本来、外国人旅行者が入域許可証を入手するには、旅行会社を通じてガイドやランドクルーザー込みのパッケージツアーを組まなければならない。だが、二〇〇二年冬のチベット旅行は以前に比べ格段に規制がゆるくなっており、その決まりは事実上空文化していた。

　飛行機の窓から見下ろしたチベット高原は茶色くからからに乾いていて、沙漠のようだった。その乾いた高原の真ん中にあるゴンカル空港でバスに乗ると、一時間ほどでラサのバスターミナルに到着し、そこからタクシーに乗り換え町の中心部にある安宿に向かった。早稲田のアパートを出てから五〇時間足らずで到着した。

　ラサにやって来たのは大学四年の時に探検部の仲間と来て以来、四年ぶりのことだった。中国共産党の侵攻を受け、一九五九年に政治と宗教の指導者であるダライ・ラマ一四世がインドに亡命してからというもの、行政単位としてのチベットは中華人民共和国の一地方の地位に甘んじている。しかし歴史的に見てもチベットは北インドからモンゴル、中央アジアにまで広がる巨大なひとつの文化圏として捉えたほうが適切だ。このチベット仏教に基づいた一大文化圏最大の都市こそラサである。

　ラサの中心は一三〇〇年の歴史を誇る聖なる寺院、ジョカンである。この寺は七世紀、吐蕃（とばん）という名で知られた当時の王朝の偉大な王が死んだ後、王妃がその霊を弔（とむら）うために建てたといわれる。寺の周りにはお香の煙が立ちこめ、みすぼらしい格好をした地方の巡礼者も、ジーパン姿のラサっ子も、髪を後ろに束ねた勇猛なカンパ族も一緒になって五体投地を繰り返していた。五体投地とは胸や顔の前で手を合わせ、最後にひざまずいて体を地面に投げだすチベット仏教独特の跪拝法（きはいほう）である。ジョカンの周辺はバルコルと呼ばれる円形のバザールになっており、同時にそれはジョカンを回る巡礼路にもなっている。聖地を時計回りにぐるぐると回るのがチベット仏教徒の巡礼作法であり、バルコルでもほぼすべての人が時計回りに歩いていて、間違って反時計回りに歩くと気まずさを感じるほど、それは徹底されている。

ラサに到着したはいいものの、私にはツアンポー峡谷に向かうあてがあるわけではなかった。チベットというところは、ほとんど全土が立ち入り禁止といってもいいぐらい未開放地区ばかりで、主要幹線道路のいたるところに警察や軍の検問が設置されている。とりわけツアンポー峡谷周辺はインドとの実質国境線が近いため、旅行者がふらふらと入り込まないようにそれらの検問が厳しくチェックしているのだ。成都で眼鏡の女性が航空チケットと一緒にくれたのは、あくまでチベット自治区に入域するための許可証にすぎず、一度ラサに入ってしまえばそんなものは紙くずも同然だった。

あてもカネもない旅行者が向かうのは、バスのターミナルか鉄道の駅くらいと相場は決まっている。私はバスターミナルに向かい、とりあえずツアンポー峡谷までの途中にある八一（バーイー）という大きな町に行ってみることにした。ターミナルに到着し中に入ろうとすると、目つきの鋭い男が仲間とともに近づいてきた。

「あんた、どこに行きたいんだ」

バスの手配師だろうか。この男に本当のことを話していいのかどうかよく分からなかったが、しかし話したところで何か損をするわけでもあるまい。ペイルンだ、私はそう一言、無愛想につぶやいた。ペイルンとはツアンポー峡谷の入り口にある、吹けば飛んでしまうような小さな村の名前である。だがほとんど奇跡といってもいい確率で、男はその村のことを知っていた。男は車の運転手だった。おそらく闇タクシーのようなものだろう。おれの車で一緒に行かないかと男が言うので、私は彼の車でペイルンへ向かうことにした。

この旅の目的は、フランク・キングドン＝ウォードが残した空白の五マイルを含む、ツアンポー峡谷の無人地帯のすべてをひとりで踏査するという、ほとんど誇大妄想に近いものだった。学生の時に来た偵察行と同じように、まずペイルンの村から支流であるポー川を数日かけて下り、ツアンポー大屈曲部の頂点に向かう。ポー川とツアンポー本流との合流点の近くにはザチュなどの村々があり、その上流が空白の五マイルと呼ばれているところだ。できれば空白の五マイルを抜け、さらに上流に向かってギャラの村まで行きたい。ザチュからギャラまでは距離にして約六〇キロ。その間、村どころか道すらほとんどなく、川はどんな流れなのか、途中に未知の滝はまだあるのか、猟師の踏み跡はあるのか、何日かかるのか、要するに私にはほとんど分からないことばかりだった。しかしこのルートこそ、これまで多くの探検家が挑みながら、まだ誰も成功していない最も古くて挑戦的な課題なのだ。このルートを踏査するのに私は最大で二四日間という日数を見込んでいた。とはいえこの数字は、実際にツアンポー峡谷で歩く距離を、日本の峡谷での訓練で一日に進めた距離で割り算し、得られた日数を自分の体力に合わせて修正したという、つまりあまり根拠のないものだった。

冬を選んだのにも理由がある。夏は雨が多く川も増水しているため、減水期なら歩ける川原も川底になっている可能性が高い。それに気温が高いので、山にはヒルや害虫のたぐいがうようよしている。一番こわいのは毒ヘビだ。一九九八年に探検部の仲間と来た時、村人から夏は山でヘビにかまれて死ぬ者もいるという話を聞いた。しかし冬ならヘビは冬眠しているので、そのリスクは避けられる。冬は寒いし、峠には雪が積もっているが、そのデメリットを考慮に入れても、冬のほうが探検には適している。

ペイルンに着いたのはラサを出発してから二日後の夕方だった。ラサから八一までの道路は、四年前に来た時と比べるとずいぶん変わっていた。当時は文字通りのデコボコ道で、いたるところが崩壊した泥道を車の天井に頭をぶつけながら進んだものだが、それがきれいに舗装され、ほとんど高速道路といってもいいぐらいになっている。途中の村からはあんなにたくさんいた野良犬が消え、貧しそうだったあばら家はコンクリートで固められた共産主義風の無機質な建物に変わっていた。

だがペイルンは違った。ペイルンの村は四年前に来た時とほとんど変わっていなかった。せまい砂利道の両側には粗末な木造の家が並び、道端にたむろする女性たちは珍しいものを見るような目つきで私のことをじろじろと眺めた。雑貨屋にはペラペラの布靴や軽くて動きやすい迷彩服、インスタント麵にコカ・コーラと、ここの村人が必要としているであろうすべてのものがそろっていた。商品には四年前と寸分違わぬ厚さでほこりがかぶり、店の男は自分が雑貨屋を経営していることなどすっかり忘れてしまったかのような顔で座っていた。

ペイルンからどうするか。先のことについても、何かあてや、はっきりとした予定があるわけではなかった。どちらにしても、つまり誰かにだめだと言われても、誰から何も言われなくても、空白の五マイルを目指すことだけが決まっていた。

村には外見からはそうだと分からない宿が一軒あった。中に入ると、天井からは豚の腸詰が所せましとぶら下がっている。部屋の隅では、おばさんがひとりで座って編み物をしていた。

「すいません、ツアンポー峡谷に行きたいんですが……」

話しかけてみると、おばさんは私にチベット語でいろいろと話し出した。この当時、私はチベット語をほとんど理解できなかったが、次の二点だけは話の筋からなんとなく分かった。ひとつは、ザチュの村までいくつかあったポー川の吊り橋が、何年か前の洪水ですべて流されワイヤーブリッジに変わってしまったこと。つまり村人の誰かと一緒に行かないと、川は渡れないということだ。もうひとつは、あなたは許可証を持っているのかと、どうやらこのおばさんが質問しているらしいことだった。

外国人がのこのことやって来たことをどこからか聞きつけたのだろう。鼻の下にひげを生やした小太りの男が現れた。他の村人とは違うその尊大な態度と、立派な黒革のジャンパーを見ただけで、この男が村で一番偉い役人であることはすぐに分かった。どうせ許可証のことを訊いてくるに違いない、面倒なことになりそうだと思った。どのような態度で臨むべきか迷っているうちに、役人は中国語で私にたずねてきた。

「お前はどこに行くつもりなのだ」

周りに村人が五、六人集まってきた。

「ザチュまで行きたいんです」

とりあえずそう答えると、四年前の苦い記憶がよみがえってきた。一九九八年に探検部の仲間とこのペイルンにやって来た時、私たちはツアンポー峡谷の奥まで入る許可を得ていたにもかかわらず、村の役人に止められザチュやその周辺の村までしか行けなかったのだ。

「ザチュには許可がないと入れない」と役人は言った。また同じかと私は落胆しかけた。だが彼は、しかし……と話を続けた。「四〇〇元払えば、ザチュまでの往復なら許可しないこともない」

そう言い残すと彼は一度どこかへ立ち去った。なんのことはない。偉そうな態度をとってはいるが、カネが欲しいだけなのだ。騒ぎを聞きつけてやって来た英語を少ししゃべれるという村人が、あの役人ならカネでどうにでもなるから大丈夫だ、と請け合ってくれた。話の分かるやつが相手でよかったと思った。いっそのことザチュまでとけちなことは言わず、ツアンポー峡谷を上流のギャラまで抜けるつもりだと正直に話してみようか。

カネでどうにでもなる役人が、今度は若い部下を連れて再びやって来た。私はなるべく友好的な態度で、やや卑屈な眼差しをわざと向けながら彼との交渉に臨んだ。

「許可はないけど、ツアンポー峡谷を抜けて上流の村まで行ってみたいんです。そのためにわざわざ日本から来たんです」

役人は威厳を保つために少し目を細め、尊大な態度を崩さないように細心の注意を払いながら、部下と二言三言話した後、いいだろう、と言った。「その代わり五〇〇元払いなさい」

正確にはこのカネが彼に対する賄賂に当たるのか、それとも許可を得ずに未開放地区にやって来たことに対する罰金に当たるのか、私には分からなかった。五〇〇元といえば日本円にして七〇〇〇円ほどに相当する。この村の貨幣価値に換算すると大金であることに間違いはないが、女の子とデートでディズニーランドにでも行ったと思えば安いものだった。彼の気が変わらないうちに財布から一〇〇元札を五枚取り出して渡すと、役人は用は済んだと言わんばかりにどこかへ姿を消した。

それから二日後の一二月一八日、私はポーターとして村人をひとり伴いペイルンを出発した。ザチュまでの道はツアンポー川の支流であるポー川に沿って延びている。宿のおばさんが話していた通り、吊り橋はすべて流され、何度もワイヤーブリッジを渡らなければならなかった。現地の人たちはこのワイヤーブリッジを中国語でリューソーと呼んでいる。川の数十メートル上にぶら下がり滑車で渡るこのサーカスじみた原始橋は、初めての者にとっては恐怖の体験以外の何ものでもない。初めてのワイヤーブリッジが現れると、私のポーターは荷物の中から万力みたいにごつい鉄の滑車を取り出し、直径三センチほどありそうなワイヤーにそれを据えた。この滑車がないとワイヤーブリッジは渡れない。ポーターはポーターとしてよりも、このワイヤーブリッジを渡るために雇ったようなものだった。

麻のロープで体と滑車をしっかりとつないでもらうと、荷物をポーターにまかせ、私は地面から跳び上がった。傾斜に沿って滑車が一気に滑りだす。地上に足がつかないという感覚が、腹や肛門(こうもん)のあたりにぞわぞわとした緊張感を生みだした。ワイヤーは真ん中でたわみ、最後は上りになっていて、そこが大変だった。慣れないとどうしても腕の力で上ろうとするため、すぐに筋肉に乳酸がたまり動けなくなってしまう。こつは足をワイヤーに絡ませ、太ももの力で上ることだと知ったのは、この恐怖の体験を何度か繰り返してからのことだった。

途中の村で一泊し、ザチュの村には出発してから二日で到着した。村の高台に登るとツアンポー峡谷の姿が目に飛び込んできた。深い緑に覆われた谷底で川が轟音を響かせている。四年前に来た時よりもスケールを大きく感じた。この村から上流にさかのぼれば、キングドン＝ウォードが残した空白の五マイルはそれほど遠くない。

ザチュは大きな尾根の上にある、十数軒の民家が立つだけの小さな村だ。この村の民家で一泊した翌朝、ひとりの男がぶらりと玄関から入ってきた。家の人たちよりも、むしろ偉そうな態度である。研いだ刃物のように目が鋭く、野武士のような風貌をしており、ひと目見ただけで相手に強い印象を与える顔つきだった。中国の山村に住む多くの男がそうであるように、彼もまたどこの雑貨屋でも売っている安くて丈夫な迷彩服を着て、靴下よりはましといった程度の薄い布靴をはいていた。首からはじゃらじゃらと数珠をぶら下げ、ヒルがもぐり込まないように足首には脚半を巻いている。ザチュの周辺には中国語を話せる村人がほとんどいなかったが、彼は片言の中国語を話せた。そのせいもあったのか、どうやら彼が私の面倒をみることになっているらしく、それは村人たちの間で決まっていることのようであった。

名前をたずねるとジェヤン（仮名）だと名乗った。ジェヤンはザチュではなく、さらに山道を進んだ先にある別の村に住んでいるという。私たちは山道を下り彼の家に向かった。後にいやというほど知ることになるが、恐ろしく酒癖の悪い男だった。

ツアンポー峡谷にはモンパ族、ロパ族、カンパ族といった少数民族が住んでいるが、ザチュのあたりに住んでいるのは、ほとんどがモンパ族である。ジェヤンもまたモンパ族だった。ロパ族とはチベット南部からインド・アッサムにかけての密林地帯に住む山地民族で、かつてはアボール族などと呼ばれ、探検家から恐れられていた人たちである。カンパ族はカムと呼ばれる東チベット地方からの移住者だ。そしてモンパ族は一九世紀前半、ツアンポー峡谷のどこかにあるベユル・ペマコという理想郷伝説を信じ、東ブータンから移住してきたといわれる少数民族である。その風貌からは微塵も感じさせないが、ジェヤンは理想郷を信じるロマンチストたちの末裔であるらしい。

ジェヤンの村まで向かう途中、私はこのロマンチストの子孫に、彼の先祖が挑んだのと同じくらいロマンチックな自分の計画について打ち明けてみた。仮にもロマンチストの子孫であるなら、彼は私のロマンを理解してくれるに違いない。

「ザチュからひとりでツアンポー峡谷を越えて、ペマコチュンのほうに行こうと思っているんだ」

私の予想に反して、ジェヤンはこの計画をあざ笑った。何も知らない外国の間抜けが、荒唐無稽な夢を抱いてまたひとりやって来た。そう言っているかのような笑い方だった。

「この時季は雪が深くてひとりじゃ峠を越えられないな。ポーターを何人か雇わないと無理だ」

「違う。峠を越えてペマコチュンに行くんじゃなくて、ツアンポー峡谷の中を探検して上流に向かうんだ」

いよいよこいつは頭がおかしいようだ。そんな顔でジェヤンは私のことを見つめた。

「そいつは無理だ。峡谷の中には道がないし、滝や岩壁があって先には進めない」

「大丈夫だよ」と私は言った。「日本で登山をやっているから、たぶん大丈夫だ」

無理、無理。彼は大きく手を振り、私の言うことをまともに取り合おうとしなかった。

そして、そういえばといった感じで彼は昔のことを話し出した。

「ヨシタケは知っているか」

私はヨシタケのことを知らなかった。

「ヨシタケだ、ヨシタケ。お前は日本人だろう。ヨシタケが昔ここに来て亡くなったのを知らないのか」。彼はそう言って舟を漕(こ)ぐ真似(まね)をした。

話しぶりと身ぶりからすると、ヨシタケというのは、以前ツアンポー峡谷で遭難した武井義隆(たけいよしたか)さんのことを言っているようだった。

「ヨシタケじゃなく、ヨシタカだ」と私は言った。「知っているさ。彼の友人にも日本で会ったことがある」

「そうか。以前、この近くで彼が身に着けていたものが見つかったことがある。村人が川から持ち帰ってきたんだ」

見つかったというのは、どうやらライフジャケットのことらしい。

「それは本当？　もし残っているなら、日本のご両親に届けてあげたいなあ」

しかし彼は首を振り、もう残ってないよと言った。彼はその理由をなんとか説明しようとしていたが、お互い片言の中国語と身ぶり手ぶりでは、細かな点まで意思の疎通ができなかった。

彼の家、というかこの辺の村の住宅はすべて高床式の木造建築で、床下部分で牛や豚などの家畜を飼っている。家の中は寝室と居間に分かれており、居間の奥には土で固めたかまどがあった。居間の天井には豚の肉や背脂、腸詰などがぶら下がっており、もしその家が最近、豚を殺した家ならば、そのぶら下がり方は七夕みたいににぎやかになる。ジェヤンの家も床下で豚やニワトリを飼っており、家の中に入ると、とても二四歳には見えない、体の大きな妻が料理を作っていた。妻の名はソナムデキ（仮名）といった。私が外国から突然やって来たにもかかわらず、彼女はやさしくほほ笑み、塩だけ入ったバターなしのチベット茶をふるまってくれた。ジェヤンはその妻とまだ幼い子供と暮らしていた。壁にはとても古そうな銃やナタが無造作にかけられていた。

その日から三日間、私たちは周りの村々を訪れたり、ポー川とツアンポー川との合流点にあるゴンポ・ネという聖地を巡礼したりした。ジェヤンとともに民家を訪れるたびに、村人たちは私に茶をふるまい、豚の腸詰やチャパティ（薄焼きパン）を食べさせてくれた。

ゴンポ・ネに巡礼に出かけた日の夜に私はジェヤンに告げた。

「明日からツアンポー峡谷に向かう」

「無理だ」と彼は言った。「峡谷の中には道もない。だいたい村の人間だってほとんど行ったことがないんだ」

「大丈夫さ。たぶん行けるよ」

「死ぬかもしれないぞ」

「これ以上進めないと思ったら戻ってくるよ。ポーター代を一日分払うから、ワイヤーブリッジの先までついて来てくれないか」

ジェヤンは私の頑固さに根負けしたようだった。

「分かったよ」


朝食を済ませた私とジェヤンは午前一〇時ちょうどに村を出発した。村から尾根道をたどり、ジャングルの中の道をゆっくりと下ると、次第にツアンポー川の激流が見えてきた。

川にはワイヤーブリッジがかかっていた。ポー川の吊り橋と同じく、ツアンポー川本流の橋も何年か前の大きな洪水で流されてしまったという。ジェヤンが竹で編んだかごから大きな滑車を取り出し、麻縄で私の体と滑車を結びつけ、ザックを体の下にぶら下げてくれた。地面をけると私の体は宙に浮いた。ウイーンという心地よい音とともに、滑車は勢いよくワイヤーの上を滑り始めた。私は宙ぶらりんになって一気に川の上を移動した。数十メートル下にツアンポー川の激流が轟音を立てながら波立っていた。尺取虫のように全身の筋肉を使って最後の上りをこなし、なんとか対岸にたどり着くと、途中で滑車とワイヤーの間に手をはさんでいたらしく、皮がべろっとむけ血がにじんでいた。

ワイヤーから体を離し、私たちはツアンポー川に下りた。川原に到着するとジェヤンが荷物を下ろし、私のほうに顔を向けた。そしてやや困惑した様子で少しほほ笑んだ。お前は本当にこの先に向かうのか？

やや苦しげなその表情は私にそう問いかけていた。彼は何度もツアンポー峡谷の奥に行かないよう私を説得していたのだ。結局、彼の言うことを聞こうとしなかった私に、彼は無言でその決意を問いただしているのだった。私は彼に笑顔を返した。ジェヤンはあきれた様子で視線をそらした。そして何かいいことでも思いついたらしく、あ、そうだといった顔をして、例のごつい鉄の滑車を手にして、すぐ近くにある大きな岩陰に向かった。

「滑車をこの岩陰に置いていく。もし途中で帰ってくるようなことになったら、これを使って村まで戻ってくればいい」

私は彼の心づかいに感謝したものの、心の中では別のことを考えていた。峡谷の中をギャラまで進むのだ、ここに戻って来ることはないだろう。だからこの滑車を使うこともあるまい。ジェヤンと会うのもこれで最後になるはずだ。私は出発の記念撮影をしておこうと思い、ザックの雨蓋（あまぶた）にしまっておいたコンパクトカメラをジェヤンに渡して、シャッターボタンの位置を教えた。彼は慣れない様子でファインダーをのぞき込み、不器用な手つきでレンズをこちらに向けた。この写真がひょっとしたら自分の最後の写真になるかもしれない。いよいよ始まる探検を目の前にして、やや感傷的な気持ちになっていた。

ジェヤンと最後の握手を交わし、私はひとりで空白の五マイルを目指して歩き始めた。心は高揚していた。世界中の探検家たちを魅了し続けた、ツアンポー峡谷の最後の空白地帯が目の前にあるのだ。ついに未知の世界に足を踏み入れるのだ。

振り返ると、ジェヤンがまだ川原の上で私の姿を見送ってくれていた。

時計の日付を見ると一二月二四日だった。自分と同じくらいの日本の若者はクリスマスイブで浮かれているのだろう。

ワイヤーブリッジを渡ってからしばらくは、大きな石がごろごろと転がった川原の上を歩くだけだった。背中の荷物が思ったよりも重かった。八〇リットルの大型ザックには二四日分の食料や燃料、ロープやハーケンといった岩登りのための登攀具、テント、寝袋、防寒具などを詰め込んでいた。軽量化という概念は当時の私の頭の中には存在せず、ザックの重量は三〇キロをやや超えていただろう。前日の夜にジェヤンが話していたクマのことを思い出し、鉢合わせしないように大きな声で歌を歌いながら歩いた。

私はツアンポー川の右岸（上流から下流に向かって右側）を歩いていた。川原を二キロほど歩くと川は大きな淵となっており、高さ数百メートルの岩壁に行く手を阻まれた。この岩壁は一キロほど先まで続き、その先で傾斜がゆるくなり、そこで上から沢が流れているのが見えた。その沢まで行くには樹木の生えた比較的安全なところを登り、川の脇の岩壁を迂回しなければならない。登山用語で「高巻き」と呼ばれる登り方だ。これまでの登山経験からこの岩壁を高巻き、向こうの沢に到達するまで二、三時間とふんだ。大した高巻きではなさそうだ。水を持っていく必要はないだろう。

川から離れ、小さな沢沿いを選んで岩壁を迂回し始めた。しかし密林の中に足を踏み入れて初めて、ここが日本の山とまったく勝手が異なることを私は知った。地面の土は湿っていて耕したばかりの畑のように柔らかく、ミミズがたくさんすんでいそうなにおいがした。そのくせ傾斜が強いので、一歩足を踏み込むたびに半歩ずるっと滑った。普通、山で傾斜の強いヤブの中を歩く時は灌木を手でつかみながら登るものだが、ここの灌木は不用意につかむとメキッと柔らかい音を立てて折れてしまう。そんなものをつかんで折れたら、滑落の原因になりかねない。立ち枯れというか、立ち腐りしているのだ。湿度が高く、峡谷の規模があまりにも大きいため、日が当たることがほとんどないのだろう。そのうえ障害となる岩場が頻繁に現れる。高巻きを始めてから私はこのヤブの斜面を、一時間にせいぜい高さ一〇〇メートルほどのペースでしか登ることができなかった。道のある山登りなら通常、一時間で四〇〇メートルから五〇〇メートルは登ることができる。

岩壁を高巻き始めたのが午後一時だった。ジャングルの中で格闘しているうちに日没が近くなり、あたりは次第に暗くなり始めた。高巻きを終えるのに二、三時間と考えていたが、一向に岩壁を越えられそうになかった。山のスケールを見誤っていたのだろう。川や尾根が日本の山よりはるかに大きいのに、私は同じ感覚で登り始めていたのだ。水を持ってくるべきだった、異常にのどが渇く、だがもう少しで沢に到着するはずだ。そう言い聞かせながら私は腐った地面を登り続けた。しかし途中で大きな岩場を越えた時に、ついに日が沈んでしまった。それでものどの渇きに耐えられず、なんとしてでも沢まで行くつもりで、ヘッドランプをつけて行動を続けた。バカな判断だった。

暗くなってから三〇分ほど経った頃だろうか、下り気味に斜面を横切っている途中で、何気なく私は右足を比較的太い、六、七センチはある木の根っこの上に置いた。その瞬間、その右足を置いた地面が抜け、体が突然、右に傾いた。木の根が腐っていて、ベキッと折れたのだ。

不意をつかれた私は、ザックの重さに引きずられるように上半身のバランスを崩し、一瞬のうちに崖を転がりはじめた。無意識のうちに左手でその辺に生えていた細い木をつかんだ。だが体の重さと回転し始めた速度を掛け合わせた数値は、私の左手の握力よりもはるかに大きかったらしい。転がりながら、つかんだその細い木が手のひらからずるりと抜けていくのが見えた。絶望的な光景だった。その瞬間、自分は死ぬんだと分かったのだ。これから川まで一直線に投げ飛ばされ、激流にもまれながらインドまで流されるのだ。

体はごろごろと転がり、すごい勢いで止めることなどできなかった。死をこれほど現実のものとして受け止めたことはなかったが、別に怖いという感情は起きなかった。事態のあまりの急展開に認識が追いついていなかった。目の奥に投影される映像は瞬間的なのだが、感知できた映像はきわめてスローモーションだった。

絶望的な一瞬の光景が永遠のものとなり私の脳内に刻まれた。左手でつかみそこねたあのか細い木……。

今からおれはツアンポー川に落ちて死ぬんだ。

第三章　若きカヌーイストの死

1

一九九八年のことだった。私が探検部の仲間と偵察のためにツアンポー峡谷を初めて訪れる、その何週間か何カ月か前のことだったと思う。いつものように部室のソファーでぼんやりしていると、川下りに詳しい先輩が、そういえばこんなことがあったという感じで思わぬことを教えてくれた。

「うちの大学のカヌークラブの人が、むかしツアンポー川で遭難して亡くなったことがあったはずだけど……。角幡が行く場所と同じなんじゃないの」

「そんなことがあったんですか」

話を聞いてすぐ、私はカヌークラブの部室に向かった。部室は探検部と同じ建物の、同じように暗くて陰気でカビ臭い地下にあった。中はがらんとしていて誰もいなかったので、誰かがやってくるのを長椅子に座って待っていた。しばらくすると入り口が開き、体の横幅が立派な男が入って来た。目が細く、眼鏡をかけて、胸板は必要以上に盛り上がり、二の腕がプロレスラーみたいに太かった。

おう、新入りか。そう言うと、男は部室の奥にある自分のロッカーを無造作に開けた。扉のすき間から、プロテインの粉末が中にあるのがちらりと見えた。こんな男にしごかれてはたまらないと思い、私は自分が来た理由をなるべく簡潔に伝えることにした。

「いえ、新入りではありません、探検部の者です」

意外そうな顔で男が振り向いた。探検部が何をしに来たんだ。口には出さなかったが、顔はそう語っていた。

「昔、カヌークラブの方が、チベットのツアンポー川で遭難されたという話を聞いたものですから、どういう事故だったのかなと思いまして……」

男は無言のまま、ロッカーの中をガチャガチャといじくっていた。何か気に障ることでも言っただろうか。

「実は夏休みにツアンポー川の大屈曲部というところに行こうかと思っているんですが……」

そう言うと、男は驚いた顔でこちらを振り向き、鋭い口調で言った。

「なんだ、ツアンポーをやるのか?」

驚きが詰問調となり彼の口から飛び出した。ツアンポーをやる？　男の質問に私は少しとまどった。男が口にしたツアンポーをやるという、その言葉が持つ抜き差しならない響きに、自分がこれからおこなおうとしている探検の意味を自問せざるを得なかった。おれはツアンポーをやろうとしているのだろうか。「やる」というのは何か覚悟が必要そうな言葉だった。そのような覚悟が自分にはあるのだろうか。単なる思いつきとか、憧れとか、ほかにやることもないからといった程度の理由でお前はそれをやろうとしているのか。男はそう私に問いただしているようであった。答えに窮していると、彼がぼそっとつぶやいた。

「事故の時は、おれも一緒にいたんだよ」

「え？」

「死んだのはおれの相棒だ」

男は只野靖（ただのやすし）という名前だった。

それから一一年後、私は只野と再会した。カヌーに青春を燃やした彼は、大学を卒業した後、四年間の浪人生活を経て新宿の法律事務所で弁護士として活躍していた。私は新聞記者を辞めてフリーのライターになり、執拗（しつよう）にツアンポー峡谷の探検を目指していた。法律事務所のあるビルに行き、受付で只野弁護士に取材を申し込んでいるライターですと名乗ると、女性が広さ三畳ほどの別室に案内してくれた。テーブルの上に六法全書とこまごました文房具が置いてあった。しばらく待つと、白いワイシャツに眼鏡をかけた只野が現れ、お久しぶりですねと言って笑った。

　この一一年の間に、私たちは一度だけ電話で会話を交わしたことがあった。富山で新聞記者をやっていた時、私は黒部川（くろべがわ）のダム問題について、地元の小さな出版社からわずかな部数の本を出したことがあった。その本を読んだ只野から、黒部川の問題について弁護士仲間の前で話をしてくれないかと頼まれたことがあったのだ。カヌー下りをしていた彼は、大規模なコンクリート工事のせいで日本の川から自然が失われている現状に疑問を抱くようになり、弁護士になってからはダムによる自然破壊を仕事の大きなテーマにしていた。

　法律事務所で久しぶりに会った時、私は只野にお忙しいところ恐縮ですと言った。ちょうど民主党に政権交代したばかりで、群馬県の八ッ場（やんば）ダムの建設問題が話題となっていた頃だった。彼はこの問題にも以前から深く関わっていた。

「以前お会いした時は、たしか大学八年生だと聞きましたが、弁護士になっていたんですね」

「そんなことを言ったかもしれないですね」と言って只野は笑った。「実は大学は五年で卒業して、あの時は図書館で司法試験の勉強をしていたんですよ」

そんな会話を少し続けた後、私はいまだにツアンポー峡谷の探検を続けようとしていることや、過去の探検について取材していることを伝えた。そして武井義隆が亡くなった一九九三年の遭難事故についても、改めて詳しく話を聞きたいとお願いした。記憶にあったイメージよりも少し背が低いこと、昔ほど筋肉に厚みがないことなどをのぞけば、只野の見た目はさほど変わっていなかった。

会った瞬間に、あの地下の薄暗いカヌークラブの部室のことを思い出した。

2

事故が起きたのは一九九三年九月一〇日のことだった。

早稲田大学理工学部をその年の三月に卒業したばかりだったカヌークラブOBの武井義隆と、法学部四年生の只野はその日の午前一〇時ごろ、ツアンポー峡谷のザチュ村から支流であるポー川に向かって山道を歩き始めていた。

二人が参加していた探検隊はNHKの番組制作も目的とした日中合同の大規模な遠征隊で、ザチュに設けられたベースキャンプには日本人だけで一一人の隊員が滞在していた。日本側で探検を主催したのは「日本ヤルツァンポ川科学探険実行委員会」という今回の遠征のために組織された任意団体で、代表はチベットやヒマラヤの辺境に強い番組制作会社ヴィジュアルフォークロアの北村皆雄がつとめていた。彼が今回の探検の発案者であり、探検隊の隊長でもあった。ツアンポー峡谷を探検したいという彼の強い熱意によりこの遠征は実現し、当時は外国人がほとんど入ったことのなかったザチュまで隊員たちは前進してきたのだ。

探検隊の目的はザチュから下流に向かいバンシンという村まで踏査することで、そのどこかをカヌーで下ることも目的のひとつに含まれていた。しかしツアンポー川を本当に下れるのかどうかということについて、すでに隊員たちの間では悲観的な見通しが強くなっていた。日本で資料を検討した時点で、ツアンポー峡谷における川の落差と水量がケタ外れであることは分かっていたし、実際ザチュに到着した翌日、隊員たちは近くの吊り橋からツアンポー川の様子を偵察してみたが、岸には荒れた海のように波が押し寄せ、両側には切り立った岩場が続き、流されたら逃げ場所がないことは明らかだった。ツアンポー川の九月の平均水量は毎秒四〇〇〇トン、激流として有名な米国コロラド川の少なくとも二倍はある。しかもこの時は何十年に一回という増水が重なり（ツアンポー川では「何十年に一回」という増水が、何年かに一回の割合で起きるのだが）、水量はいつにもまして多かった。やはり本流を下ることは不可能である。偵察に参加した隊員たちは皆、そう思ったという。

「ここでやったら事故が起きるなと思いました」。法律事務所で会った時、只野はそう振り返った。「沈脱（転覆したカヌーから漕ぎ手が川に脱け出すこと）して流されたら終わりですよ。ぼくが生きているのがおかしなくらいで」

探検隊の中で、川下りを担当していたのは武井と只野を含めて三人だった。本流を下るのは無理そうなので、翌日、武井と川下りを担当するカヌー隊の隊長Wなど四人が、今度は支流のポー川の偵察に向かった。ポー川が本流と合流するあたりはツアンポー峡谷でも比較的地形がゆるく、もし下れるとしたらそこしかないのではないかと、武井と只野は出発前から目星をつけていたのだ。夕方、偵察から戻って来た武井は、疲労のためベースキャンプに残っていた只野にやや興奮気味に話したという。あそこならできると思う、面白そうだぞ。川下りのメンバーで話し合った結果、とりあえず本当に下れるかどうかを判断するために、もう一度全員でカヌーを持ってポー川に下りてみることになった。事故当日の九月一〇日に武井と只野がポー川に向かったのは、そうした経緯があったからだった。

二人がポー川に到着したのは、その日のちょうど正午頃だった。ポー川の水は増水のために深く灰色に濁っていて、波は高く、流れも速かった。ホールと呼ばれる危険個所もいくつか見つかった。ホールは川の落ち込みで水が激しく巻き返しているところで、はまると抜け出せなくなる可能性がある。厳しいな。只野は川を見てそう思ったという。だがそれと同時に、下れないこともなさそうだとも感じた。武井さんが言っていたように、たしかにやれないこともなさそうだ。

カヌー隊の三人は岸に近い流れのゆるいところでウォーミングアップを始めた。日本を出発して二週間もカヌーを漕いでいなかったので、感覚を取り戻す必要があった。しかし、彼らがパドリングや転覆した時に体勢を立て直すロールという基本的な動作を繰り返している最中に、ちょっとしたハプニングが起きた。カヌー隊の隊長であるWが転覆し、流されかかったのだ。Wは転覆した後、ロールでうまく体勢を立て直すことができず、カヌーから体を脱出させたところを武井に救助された。Wはカヌー隊の隊長ではあったが、過去の実績は登山やシーカヤックなどが中心で、激流を下る技術に関しては三人の中で一番低かった。この転覆でWはポー川を下るのを止めて、陸上からのレスキューにまわることになった。その結果、川下りは武井と只野の二人だけで挑むことになったのである。

この探検隊には有名な登山家でテレビのディレクターでもある中村進（二〇〇八年、チベットのクーラカンリで遭難、死亡）が参加していた。ヒマラヤ登山や極地探検に実績のある中村は、計画段階から探検隊の実務を取り仕切っていた。ポー川での練習中、武井と只野は、その中村からインタビューを受けている。

川に入った感想を訊かれた只野は「水量がすごいですね」と答えた。「トロ場においても水の押す力がすごい強いんで、全然まっすぐに漕げないんですよ」

武井も同じような感想を中村に伝えた。

「上からだとトロ場だと思ったところが、かなり渦とかありまして。……全然思ったよりパワーはすごいあると思います」

「パワーっていうのは、水のパワー？」

「そうですね。水の威圧感というか、そういうのがすごくありますね」

「それはどういうことなんですか」

「ぼくらが普段やっている川だと、こんなにトロ場だと、波みたいなのはないですね。こう、グワーっとくる、全体が上がってくるような、そういうトロ場というのは（日本には）ないんですけど、（ここでは）こうトロ場自体が上がり下がりしていて、渦が動き回っています」

「どうして、そうなるんですか」

「水量のすごさが、ケタが違うんだと思いますね。ケタ違いですね……、水量が」

川に漕ぎだす直前、中村は再び二人に話を聞いた。

「只野君はやってみるつもりなんですか」

「やって……みましょう」と只野はやや緊張した面持ちで答えた。「たぶん、安全にできると思います」

「ぼくなんか、川のことは全然分からないので、安全と危険の問題は遠慮なく決めてもらって、絶対無理しないで。特に今日は初めてだから」

全体の隊長である北村皆雄が武井に質問した。

「かなり難しいって感じじゃ……。このくらいだったら、あれなんですか」

武井は落ち着いた口調で説明した。

「こんな川はあんまりないんですけど、全部がふさがっている。……抜けているところが五、六メートルの幅で流れていますんで、そこを狙って。……あそこに入るのは、波をかぶらずに行くのは、ひっくり返りさえしなければ大丈夫だと思っていますけれども」

辺境の番組制作に実績のある北村も、ヒマラヤ登山のエキスパートである中村も、カヌーによる激流下りに関しては知識も経験も皆無だった。川下り隊の隊長であるWもこの時、下るかどうかの判断を自分より技術がある武井と只野にまかせた。ポー川を下るかやめるか、すべての判断と責任が二人の双肩(そうけん)に担わされ、そして彼らは下れると判断した。

「今日は最初だし、無理しないで」と中村は改めて言った。北村が付け加えた。

「ぼくらは祈るような気持ちでしかないからね。分からないから」

ポー川の激流を下るために二人が想定したコースは、まず手前にある大きなホールを避けて対岸に向かって漕ぎ、向こうの強い流れに乗ってから下流に向かうというものだった。そして下流のトロ場でこちら側の岸に戻って上陸する。距離は二〇〇メートルほどだった。

出発地点から三〇〇メートルから四〇〇メートルほど下流で、ポー川はツアンポー川本流と合流していた。只野が三日前の偵察で、沈脱したら生き残れないと感じた、まさにその流れである。隊員たちがいたポー川の川原からは、増水して茶色く濁った巨大な本流が、圧倒的なうねりをともなって流れているのが見えた。万が一、あそこに流されたら遭難だと、そこにいる誰もがそう思ったという。手前の岸ではテレビカメラ二台による撮影準備が完了し、上陸地点のトロ場には三人の隊員が一応、救助用のロープを持って待ち構えていた。だがカヌーが本当に下に流されたら、ロープなど投げても届くはずはない。他の隊員によるレスキューなど、この時は、もしかしたら何かの役に立つかもしれないといった程度の意味しかなかった。安全にことを終わらせるためには、武井と只野の技術以外に頼れるものはなかった。

二人はじゃんけんで下る順番を決めた。先に下るほうが危険だが、どちらかが先に下らなければならない。最初に只野が下り、一〇秒ほど後に武井が追いかけることになった。

只野が川に漕ぎだしたのは午後三時五七分、と後の彼の記録には残っている。川に入った瞬間のことを彼は、「上流に引き戻されるような水の力を感じました」と振り返っている。「自分の意図した方向とは違う方向に行くわけですけど、全体が大きいから自分の位置関係がつかめないんです」

スタート地点から向こう側の強い流れに乗るまでは水が複雑にぶつかり合い、水面は不規則に波立っていた。只野はパドルを力強く漕ぎ、そこを越え、奥の強い流れのほうに向かった。そして流れに乗った瞬間、カヌーの舳先(へさき)が一瞬で下流のほうにもっていかれた。見た目より流れが速く、水のパワーが強かった。やばい、と思ったという。「まずい、やめたほうがよかったという後悔が頭に浮かびました。でもそんなこと考えてもしょうがないから、必死になって漕いだんだけど、全然舵(かじ)がきかないんですよね。ただ流されているだけ」

目の前の波は高く、ゴールに予定していたトロ場がどこにあるのかも分からなかった。波の高さは二、三メートル、あるいは四、五メートルか。カヌーの向きを一定方向に保つことができず、あっちを向いたりこっちを向いたりという状態だった。

上陸予定のトロ場の近くにいた、当時NHKカメラマンだった東野良(ひがしのりょう)はこの時、只野の動きをカメラで追っていた。「人間が入ったことで初めて波の大きさが分かりました。上下の動きがすごくて、一秒か二秒くらいファインダーからカヌーも人間も消えちゃうんだよね」。東野は只野の表情をとらえたいと思いアップ気味に狙ったが、波の上下動でとても追い切れなかった。そのうち彼のカメラは転覆した只野の姿をとらえた。

只野が最初に転覆したのは漕ぎ出してから約四〇秒後だった。大きな三角波の先端に乗り上げ、彼のカヌーは力なくひっくり返された。ロールで起き上がったところで再び波をかぶり、体勢をなかなか戻せないまま、すごい勢いでそのまま下流に流された。転覆した時の波の衝撃で頭を強く打ち、彼の意識はもうろうとしていた。遠くにちらっと上陸予定だったトロ場が見えたが、自分のカヌーをコントロールするだけで手一杯で、もはやそこに戻れる状態ではなかった。そして彼は本流に投げ出された。沈脱したら生き残れないと感じた、あのツアンポー川の本流に。

水の多さ、流れの速さ、パワーの強さ、波の高さ、ツアンポー本流はいずれも支流のポー川とは比較にならなかった。波の巻き返しでひっくり返され、ロールで体勢を戻したと思ったら、再び波にひっくり返された。武井がどうなったのか振り返る余裕など彼にはなかった。「感覚的には何十回、何百回とロールを繰り返しました。ロールは腰と腕の力を使うので、そのうち切れが悪くなって上がらなくなってきたんです」。水の中に沈んでいる時間が長くなり、息苦しさに耐えられなくなってきた。七〇〇メートルから八〇〇メートルほど流された時、ついに只野は我慢できなくなりカヌーから体を脱出させた。大学一年生の時にメキシコで経験して以来、初めての沈脱だった。「沈脱したらカヌーにつかまり舟の浮力で流されるのが基本なんですが、舟はあっという間にどっかにいっちゃいました」

世界一の激流にひとり取り残された彼にできたことといえば、ライフジャケットが脱げないように、しっかりと手で押さえることだけだった。波にもまれて繰り返し水の中に引きずり込まれ、川底に足がついたような感じさえした。息をとめて我慢しているとライフジャケットの浮力で上昇して、なんとか息ができる。しかしその瞬間すぐにまた川底に巻き込まれる、そういうことを何度も繰り返した。

だがしばらく流された時、只野は少しだけ長い間水面に浮かんでいる自分に気がついた。混濁した意識の中、すぐ一、二メートル横に岸が見えた。本能的に必死に泳ぎ、岸のほうに向かって手を伸ばした。信じがたいことに、彼は本流にのみ込まれてから一・五キロほど流されたところで、強い流れから外れて右岸のトロ場に漂着したのだ。たどり着いた岸はやや広い岩棚のようになっていて、その上を岩壁が覆いかぶさっていた。只野は岸にはい上がった。水を大量に飲んでいたのでふらふらで、時化の中、ようやく陸にたどり着いた難破船の乗組員みたいなものだった。だが意識はあった。

助かった。そう思った瞬間、武井のことを思い出した。タケさんは大丈夫だろうか……。

只野は岩棚の上に腰をおろし、時々せき込みながらぼーっと川のほうを眺めていた。そして三〇秒ほどたった時だった。上流から武井の赤いカヌーが、パドルと一緒に流れてくるのが見えたのだ。カヌーはひっくり返ったままの状態で、只野がいる岸から一〇メートルほど先を流れていった。

「異様な光景でした」。その時の様子は今でも只野のまぶたの裏側に焼きついている。転覆したカヌーは普通、浮力体の入っている艫のほうが上になり、波の動きで上下に大きく揺れるという。しかし目の前を流れている武井のカヌーは、激流の中を不気味なほど安定しながらスーッと流れていった。まるで何か重いものでも引きずっているみたいだった。

武井さん！　武井さん！

只野は大声でカヌーに向かって叫んだ。しかしカヌーはピクリともせず、そのまま下流に向かって流れていった。

武井が意識を失ったまま、そのカヌーにぶら下がっているのは明らかだった。

3

隊を率いた北村皆雄にとって、ツアンポー峡谷はチベットの中でもいつか探検しなければならない最大の目標だった。一九八八年に日本テレビで放映したエベレスト頂上からの生中継に携わって以来、民俗学や歴史的な視点から、ヒマラヤやチベットにまつわるドキュメンタリー作品を発表してきた彼には、ツアンポー峡谷は探検のネタの宝庫のようなものだった。彼が代表を務めるヴィジュアルフォークロアの本棚には、歴史、文化、探検、旅行など、チベットに関するあらゆる種類の文献がぎっしりと詰まっている。
「ブータンから昔、ツアンポー峡谷のほうに移住してきた人たちがいるんです。一種の理想郷伝説で、なんで秘境のこんなところにそんな伝説があるのか興味を持ったんです。それにチベットに降臨してきた最初の王の伝説とか、ポン教（チベットに仏教以前から根付いている土着宗教）の聖地もある。未踏のヤル・ツアンポーをたどりたいということと、そこに生きている人々を民俗的にやりたいと思ったんです」

　例えば明治時代から大正時代にかけてチベットで仏教を修行した多田等観の『チベット』の中に現れる一節も、北村にかかれば探検をするための重要な手がかりとなった。多田はこの本の中でツアンポー峡谷について《この河は印度アッサムの北方に当る箇所で、ヒマラヤ山の中腹に流れこみ、姿を消して仕舞ふ》と書いている。《その流れ込む口は紺碧を湛へ、ものすごい感じを与へる。そこで西蔵（筆者註：チベット）人は河水が悪魔の口から流れ込み、その五臓六腑をめぐつて、やがて外に出るのだといつてゐる》
「なぜ消えるという伝説があるのか。『悪魔の口』にのみ込まれるという謎は、地形的な秘密と結びついているのではないか。川をたどることで、その伝承が生かされているヤル・ツアンポーの姿を科学的な目でとらえることができないか、そう思ったのが一番の発想ですね」

　北村はまず、一九一三年にツアンポー峡谷を探検したフレデリック・Ｍ・ベイリーの『ヒマラヤの謎の河』を手がかりに、資料を徹底的に調べ始めた。ベイリーやキングドン＝ウォードの探検の旅程を表にまとめ、現地の地形を把握するために人民解放軍と交渉を重ね、数年かけて五万分の一の地形図を入手したという。中国科学院に何度も足を運び、中国語の文献も手に入れた。

　とはいえ中国共産党がチベットを支配するようになってから、ツアンポー峡谷の探検許可が外国人に下りたことは、当時はまだなかった。インドとの国境に近いツアンポー峡谷は、チベットの中でも政治的に微妙な地域であり、その事情は今もさほど変わりはない。そういう地域の許可を得るのに北村にとって最大の武器となったのは、それまでの現地取材を通じて築き上げた中国側との分厚い人的コネクションだった。

　北村は、日中戦争中に情報部員としてチベットに潜入した西川一三（にしかわかずみ）の足跡をたどるドキュメンタリーを制作し、一九八八年にＴＢＳで四回連続で放映したことがあった。その取材を通じて中国登山協会の有名な登山家と親しくなり、その登山家が中国科学探険協会という組織の設立に関わったことから、北村も同協会の名誉会員に名前を連ねることになった。そして同協会に「念願のヤル・ツアンポーをやりたいと伝えると、中国と共同でやりましょうと始まった」という。

ツアンポー峡谷の探検は外国人として初めてとなる予定だったので、計画は肥大化し、参加する隊員も、番組撮影のためのスタッフ、学術的な調査をする科学者、川下りをおこなう冒険家とどんどん広がった。それに対応する機関として「日中合同ヤルツァンポ川科学探険組織委員会」という団体ができあがり、その傘下に「日本組織委員会」や実行団体である「日本ヤルツァンポ川科学探険実行委員会」がぶら下がった。組織図には山岳団体やカヌー団体の関係者がずらりと名を連ね、いつのまにかそれはIC回路の設計図みたいに複雑になった。

テレビ番組を放映するための契約交渉も進んだ。「最初はTBSのプロデューサーが絡んでいたけど実現性がなくて、その人のつてで日本テレビに話を持っていきました。日テレのほうはトップまで話が通ったんだけど、途中でひっくり返った。理由は知らないですが。ぼくはもうやめようと思ったんだけど、中国側がどうしてもやろうというので、それでNHKに持っていったんじゃないかな」。北村と中国側の契約がまとまる寸前に、ある民放のプロデューサーが中国科学探険協会の幹部を訪れ、ツアンポー探検をうちにやらせてくれ、と迫ったこともあったという。「ぼくのところにも来て土下座までされたけど、相手にしなかった。みんな世界的に狙っていたからね」

最終的に北京で中国科学探険協会の代表者と契約を交わしたのが、実際に探検が始まる約五カ月前の一九九三年三月二五日だった。この契約で日本側は中国側に四〇万ドルの経費を支払うことが合意され、その六日後に北村はＮＨＫと番組制作の契約書を交わし、ＮＨＫから実行委員会に二〇万ドルが支払われることになった。文部省（現文部科学省）所管の特殊法人日本体育・学校健康センター（現独立行政法人日本スポーツ振興センター）から一〇〇〇万円のスポーツ振興基金が助成されることも内定した。

契約はまとまり、かたちは整った。しかし肝心の川下りのメンバーは、この時もまだ決まっていなかった。

一九九三年五月上旬、武井義隆と只野靖は小笠原（おがさわら）の父島（ちちじま）にいた。武井は春に大学を卒業したばかりだったが、就職はしていなかった。大学四年生だった只野も就職活動をする気が起きず、二人は小笠原でカヌーショップを経営している知人のもとでシーカヤックのガイドなどをしていた。そこにカヌークラブのＯＢである松永秀樹（まつながひでき）から電話がかかってきた。「北村さんっていう人がチベットで川下りをしてくれる人を探している。話を聞いてきたけどすごい川だ。おれは仕事があるから行けないので、お前たちのことを推薦しておいたよ」

カヌー雑誌の編集者から北村のことを紹介された松永は、会社帰りにヴィジュアルフォークロアの事務所を訪ね、北村から計画について説明を受けた。松永自身この計画に興味をひかれ、できれば自分が参加したいとすら思ったが、参加するには会社を辞めなければならない。自分の代わりに技術的にもうまくてタフなのがいる、と北村に紹介したのが武井と只野だった。

その後、北村から二人のもとに電話がかかってきた。チベットのツアンポー大屈曲部をカヌーで下れる人を探していること、外国人として初めて許可を取得したこと（第五章で後述するが、実際にはこの約一年前に、すでに米国隊に許可が下りていたが、北村は当時そのことを中国側から知らされていなかった）、探検の模様はＮＨＫの番組で放映されること、カヌー隊の隊長は決まっていることなどを聞かされた。「しかし隊員がまだ決まっていません。興味があるならなるべく早く来てほしいのですが」

武井と只野は東京に戻ると、すぐに代々木にあった北村の事務所を訪ねた。事務所で彼の過去の作品を見た後、近くの中華料理屋に移動し、そこにカヌー隊の隊長であるＷがやって来た。只野によると、北村がこの時二人に見せた資料はツアンポー峡谷周辺の五万分の一の地形図、川の航空写真、川の月別の平均水量を表したグラフの三つだったという。「水量と傾斜を見ただけで、すごい川だというのはすぐに分かりました」と只野は言った。「一キロにつき五〇メートルも下っているところがある。ぼくらがいつも練習していた奥多摩（おくたま）の御岳（みたけ）なんかは、一キロにつき二メートルくらいですから、滝みたいなもんです。そこに水量が毎秒三〇〇〇トン、七、八月の多い月なんかは一万トンとかありました。御岳はせいぜい毎秒一〇トンとか二〇トンですから、とても経験したことのない川だというのはすぐに分かった」。ビデオとか写真などはないんですかとたずねると、そんなのはないよと北村は言った。だから未踏なんだよ。

　この時点で只野のカヌー経験はわずか三年だったが、「日本の激流と呼ばれるところはほとんど下っていて、台風で増水でもしていないと面白くない」というくらい腕には自信があった。大学一年生の時にメキシコ、三年の時にはコスタリカと海外の激流も経験していた。武井も日本の激流はほとんど下っており、大学三年の時には一カ月にわたりクラブの仲間と米国の激流を一〇本ほど下っていた。只野によると「当時の日本はカヌーによる激流下りが盛んではなく、まだ黎明期（れいめいき）をひきずっている時期だった」という。日本のカヌー界は御岳などのゲレンデでタイムを競う競技カヌーが中心で、探検的な要素を持つ冒険カヌーは始まったばかりだった。「その草分けが松永さんだった」。武井と只野の先輩である松永は、米国のオレゴン州立大学に留学中に本場の激流下りの洗礼を受け、ポリエチレンを素材にした、岩にぶつかっても壊れない頑丈なカヌーを日本に持ち込んだり、激流下りの紹介記事を雑誌に寄稿したりしていた。松永に刺激されたことでカヌークラブの部員の間では冒険カヌーに対する意識が高まり、只野の言葉を借りれば、「当時は技術も体力も度胸もぼくらが一番あって、どこの川でも下ってやろうという気概がある」組織になっていたという。

　カヌー隊の隊長であるWは二人の経歴を見て、この二人以上の隊員は望めないと強く北村に薦めた。北村も二人に好感をもった。「特に武井君はわりあい威風堂々としていて、おおらかな感じがしました」。北村は君たちしかいないと二人を強く説得した。すでに二〇人以上に対して隊員の選考を重ねてきたが、休業補償を求められたり、長いキャンプ生活に耐えられそうもなかったりと、適任者がいなかったのだと説明した。

ただ只野には、北村の計画に若干の不安がないわけでもなかったという。「北村さんの最初の計画はツアンポー峡谷全体の二五〇キロを、六人の隊員で一日一〇キロずつ、二五日間かけて下るというものでした。横に道路が整備された日本の川ならまだしも、未踏の激流でそんなことできるわけがないんです」。ただ、と只野は続けた。「自分にとってても魅力的だった。なかなか行けるところじゃないですから。それにぼくらが行かずに、ほかに誰が行くんだろうという意識はあった。まあ、おごりですね」

只野によるとその時、武井は計画に積極的で、北村の説明を受けた後、行きます、行かせてくださいと参加をすぐに決断したという。そして只野のほうに顔を向けて訊いた。お前はどうする?

「もう少し二人で話し合って、松永さんにも相談したいという気持ちがあったけど、武井さんが行くなら、行こうかなと」。結局、只野も行きますと返事をした。

だがそれから遠征に対する不安が只野の中で膨らんできた。北村が話していた現地の偵察も実現しなかったし、六人と聞いていた隊員数も結局は三人でやることになった。

ツアンポー峡谷に挑戦できるだけの訓練もこなせたとは思えない。こんな状態で、あの化け物のような川を下ることが本当にできるのだろうか。

　武井と只野が他の隊員全員と初めて顔を合わせたのは、出発前の全体会議においてだった。その中に中西純一（なかにしじゅんいち）という中国語の通訳として参加する隊員がいた。東京農業大学探検部ＯＢの中西は、中国の長江（ちょうこう）や岷江（みんこう）といった巨大河川をゴムボートで下った経験があり、この時の全体会議に、探検の予定地域を細かく分析し、川の落差率をはじき出した資料を作ってきていた。すでに北村が最初に計画していたツアンポー峡谷二五〇キロにわたる川下り計画は、ザチュからバンシン村の約七〇キロを下るという比較的穏当なものに縮小されてはいたが、中西の資料を見た結果、この区間ですら武井や只野がカヌーで下れる場所はほとんどなさそうだった。

　資料や情報を集めた結果、本流を下るのは厳しい。武井や只野を含めた隊員の意見は、この点では一致していた。しかしツアンポー川を下るという行為に対する考え方が、武井や只野とほかの隊員では一八〇度違っていた。二人は川を下るためにツアンポー川に行く隊員だった。只野は激流下りを極めたいと思っており、この時夢見ていた将来像は環境問題を扱う弁護士ではなく、カヌーで世界中の川を下る冒険家だった。彼が今回参加を決めた理由の中には、チベットの宗教や文化、ツアンポー峡谷についての探検史に興味を惹かれたから、などといったサイドストーリーはほとんど含まれておらず、基本的にはツアンポー川という、世界一の激流を下ることだけが目的だった。

一方、北村にとってカヌー下りは、番組制作や民俗調査といったいくつかある目的のうちのひとつにすぎず、絶対にやらなければならないというものでもなかった。そもそもカヌーもゴムボートも素人である北村が川下りの計画を発案したのは、「川から見たヤル・ツアンポーというのを計画当初は重要だと考えていたから」だという。「地上からは行けない白地図の部分を、ゴムボートやカヌーで実線に変えられるのではないかと思ったんです。川をやる探検なので、当初からボートはやるべきだと思っていた。しかし専門家の話やデータを見ると厳しいかなと変わりました」。しかし全部下れないということはないだろうとも思っていた。「現地に行ってみて様子を見てみないと分からない。川を実際に見るまでは、どこかで下れるだろうという気持ちがみんなの中にあったと思います」

下れるところがあればやろうじゃないか。それが隊員たちが共有していた川下りに対するスタンスだった。北村が当初構想していた大きな計画は次第に現実的なものへと姿を変えてゆき、最終的に川下りは無理してやらなくてもいいという、当初の壮大な計画を偲ばせる名残のようなものになっていた。しかしその名残のようなものには二人の若者が隊員として名前を連ねており、日本の増水した激流で彼らは訓練を重ねていたのである。

北村はツアンポー川の本流を見た時、下流部のゴール予定付近のゆるやかなところまで行かないと川下りは無理だと思ったという。そして支流のポー川を下ろうとしている武井と只野に対して、なんでやる必要があるのだろうと疑問を感じた。ここでやる必要はないじゃないか。ここは下れる部分ではないのではないか。

だが逆に只野の目にそのポー川は、ここしか下れるところはないだろうという姿に映っていた。武井と只野はもしかしたら知らず知らずのうちに、下らなくてはならない状況に自分たちを追い込んでいたのだろうか。私は只野に会った時に訊いてみた。

「番組用の映像を残さなければいけないプレッシャーを感じたんですか」

彼は少し考え、「それよりも」と前置きしてからこう答えた。「現場を見た時、本流は無理だと思ったけど、ここ（ポー川）ならできるだろうと思った。はるか日本から舟を持ってきて、いろんな装備を運んでもらって、ここで撮らなかったら、あとはどこで撮るのかという感じですね」

判断はたしかに彼らにまかされた。彼らの実力で本当に目の前の激流を下れるかどうか、それを判断できるのは彼らしかいなかったからだ。だが残念だったのは、その判断を曇らせてしまう余計な事情がすこし多かったように思われることだ。

考えてみると、この時二人はまだ二〇代前半の若者で、最も若い隊員と二番目に若い隊員という、隊員の中ではリストの一番下におかれる存在にすぎなかった。そして彼らがやらなければならないのはカヌーだった。しかも悪いことにカヌーしかやることがなかった。彼らがカヌーをやるためだけに、日本から大量の装備を飛行機で運び、たくさんの村人が険しい山道やワイヤーブリッジを越えて舟を運んできてくれたのだ。それに、撮影、民俗調査、パラグライダー……、まわりではほかの隊員が自分たちの仕事を着実にこなしていた。

彼らの意識下におそらく、あせりにも似た感情が生まれたはずだ。ここでカヌーをやらなかったら、おれたちはいったい何をしに来たんだろう、と。

そして武井義隆は川に舟を漕ぎ出した。

4

遭難が発生した一九九三年九月一〇日、只野が本流に流されたのを見て、岸で待機していた中村進ら四人の隊員はあわてて下流に向かって走り出した。事前に偵察した時、もし武井と只野が本流に流されたら、左岸に三カ所あるトロ場のどれかに入り込むことに決めていたからだ。しかし本流の川原の石は巨大で、とても走って近づけるようなところではなかった。只野が本流に流されてから四分後、隊員のひとりが持っていた携帯無線に連絡が入った。

「只野です」と無線から声がした。「ぼくは無事です。でも武井さんが流されちゃった。姿が見えません」

只野が生きている！　しかし隊員たちがホッとしたのもつかの間だった。武井はどうしたんだろう。

只野が上陸した場所は、ポー川とツアンポー本流の合流点から約一・五キロ下流の右岸だった。最初に只野を発見したのは、隊員たちと一緒に下流に向かった地元の村人だった。村人は対岸に只野の姿を見つけた後、後ろを追ってきた日本人の隊員と合流し、そのことを伝えた。

武井もまた、どこかの岸に上陸して生きているのではないだろうか。只野が上陸に成功していたことで、隊員たちの間にそんな希望がわいた。岸辺にたどり着いてさえいれば、絶対に生きている。下流の村人に助けられているかもしれないし、ひょっとしたら只野のように岩壁の狭間（はざま）に閉じ込められて、助けを待っているかもしれない。そういう希望と不安が入り混じったような雰囲気が隊員たちを支配し、それが彼らを捜索に駆り立てた。隊員たちは合流点の下流にかかる吊り橋に向かい、その日の夜遅くまで武井の行方を探した。だが手がかりは見つからなかった。翌日以降も捜索が続けられたが、只野が上陸した地点のやや下流で武井の赤いパドルが見つかっただけだった。

目の前を武井のカヌーが流れていった後、只野はライフジャケットの背中に緊急時に使える携帯無線を入れていたことを思い出した。テレビ用に川の音をひろうことも兼ねて持っていったものだった。探してみると食料は流されていたが、無線は残っていた。チャンネルをいじっていると無線担当の隊員とつながったので、自分は無事であることと対岸に上陸したことを伝えた。一〇分くらいで川の向こうに村人が現れ、手を振ってくれた。

只野は濡れたウェットスーツを着たまま、上陸した岩棚でその夜を過ごした。岩棚の上は絶壁になっており、自力で帰ることができなかったのだ。自分と同じように武井がどこかに上がっている可能性も捨てきれないと思い、一晩中、武井さーん、武井さーんと名前を呼び続けた。

だが流れてきたカヌーの状態を見た瞬間、武井がもう手遅れなのだということは只野には分かっていた。カヌーと一緒にパドルが流れてきたということは、本来なら漕ぎ手はカヌーから脱け出していなければならないはずだ。パドルがないとカヌーは操れないからである。しかし武井の姿は見つからなかったし、何より目の前を流れたカヌーに浮き沈みの動きが見られなかった。それを考えると、明らかにカヌーには何か重いものがぶら下がっていたのだ。そんな状態で流れるカヌーを只野はこれまで見たことがなかった。只野は武井と最後に何を話したのか思い出そうとしたが、何も思い出すことができなかった。

翌日の昼、ナタでヤブを切り開きながら村人が救助に来てくれた。絶壁の上からロープを垂らしてくれたので、只野はそれを使って崖を登ることができた。ワイヤーブリッジでツアンポー川を渡り、その日は途中の村に一泊した。武井の手がかりのようなものがないか探しながら歩いたが、何も見つからなかった。

只野が三人の村人とともにザチュのベースキャンプに到着したのは、遭難発生から二日が経った九月一二日の午後三時頃だった。武井の行方はまだ分かっておらず、ベースキャンプは重い雰囲気に包まれていた。只野はテントの中に呼ばれ、漕ぎ出した時の映像を見ながら、その時、何が起きたのかを説明するように求められた。

ビデオには激流に翻弄される自分の姿が映っていた。周期的に発生する大波にのみ込まれ、考えていたコースから大きく外れていた。その自分の姿を見て、おれは思っていたほどカヌーがうまくなかったんだなと只野は思った。

それに比べて武井のほうは、後ろをついてきたこともあり、まだ余裕のある漕ぎ方をしているように見えた。カメラは武井の動きを追っていた。そしてその映像を見た時、只野は初めて、武井がなぜ本流に流されたのかを知ったのだった。

画面の中で武井は荒れ狂う激流にのみ込まれることなく、上陸予定地点だったトロ場のすぐ近くまで漕ぎつけていた。だが彼はそのまま岸に上陸しなかった。あたりを一瞬見まわすと、彼が顔を向けたその先には、本流に向かって流されていく只野の姿があった。それを見た武井は、よしっと覚悟を決めたかのように、カヌーの舳先を流れのほうに向け、再びパドルを回転させ始めた。只野を追いかけるため、武井は安全なトロ場を離れ、自ら再び激流の中に飛び込んでいったのだ。

「ああ、やっぱりタケさん、ぼくを追っかけていったんだ」

あっ、あ……と只野の口から嗚咽（おえつ）が漏れた。泣き声はテントの外まで聞こえてきた。

現場での捜索は事故が発生してから一週間続けられた。北村らは下流部のインド国境の村メトの人民解放軍にも衛星電話で連絡を取り、漂着物がないか確認した。しかし武井についての手がかりは見つからず、隊員たちはラサに戻った。その後、松永らカヌークラブ関係者による捜索、探検隊の隊員たちによる二度目の捜索、および地元住民による捜索も実施されたが、結局、武井の生存につながるものは何も見つからなかった。

隊員やカヌークラブOBらで組織した捜索本部は事故から三カ月が経った一九九三年一二月一一日、東京・千代田区にある日本山岳会の事務所で中間報告会を開き、武井義隆の行方について次のような見方を関係者に伝えた。

武井隊員は、本流への進入後約2〜3分の間で、予測不可能な大きな波に遭遇したか、あるいは大きなホールに突っ込み、ショックで転覆し、同時に意識を失ってしまった。または、なんらかのトラブルで急激に気管に水が入ること（気管内吸水）により意識を失ってしまったと考えられる。そしてそのまま意識を取り戻せずに、カヌーに乗ったまま転覆した状態で流されてしまったと推定される。（ヤルンツァンポ合同捜索本部「日中合同ヤルンツァンポ川科学探検隊カヌー遭難事故調査報告〈中間報告〉」）

5

高松駅で深夜バスを降り、私は琴平線というローカル電車に乗り換えた。紺色の制服に身をつつんだ中学生たちと一緒に小さな駅の改札を出て、外で少し待つと、近寄ってきた車の窓から白髪まじりの男性が顔を見せた。初対面の時なら誰もが浮かべるやさしい笑顔で、その人は私を迎えてくれた。

「あんたみたいな物好きな男がおるんやなあ。ツアンポー峡谷なんかに行ってどうすんねん」

武井義隆の父・平八はそう言って、助手席で恐縮している私にほほ笑みかけた。武井が亡くなって一六年が経っていたが、実家の茶の間には生前の彼を偲ぶありとあらゆるものが並べられていた。頭にタオルを巻いてほほ笑みかける写真、チベットから持ってきた石、寄せ書きのいっぱい書かれたパドル。文学や哲学の古典に植村直己の本などが並んだ本棚は、彼が亡くなった後も三年間借りたままにしておいた東京・上井草のアパートから持ち帰ったものだった。そして激流の中でカヌーを操る武井をえがいた油絵は、ツアンポー峡谷に一緒に行った中村進が知り合いの画家に頼んで描いてもらったものだという。

「只野を追いかけた場面を描いている」。そう言って平八は、その先で修行でもしているのかなあと小さな声でつぶやいた。

修行をしてくる。それは生前の武井が父親につぶやいた最後の言葉だった。武井はチベットに出発する前の七月、徳島を流れる有名な激流・吉野川を訪れた時に高松の実家にも立ち寄り、その時初めてチベットに行くことを面と向かって父親に伝えた。

どうしてそんなとこに行くんや？　そんな危険なところはだめだ。激流にのみ込まれてどっかに流されるかもしれんぞ。そしたら誰も助けに行けへんぞ。現実にそうなったら、よう行かんぞ。平八がそう諭すと、息子はどこかに流れ着いたら、そこで修行をするんだと答えたという。そこはチベットの有名な聖地なんだ。それが二人の間に交わされた最後の会話だった。

「今になって思うと、どこかに流れ着いたらというのは、死後の世界のことを言っていたのかなとも思う。今でもあの言葉の意味を考えることが多いんですが、行く前からある程度の覚悟はあったのかなと思います」

武井にとって修行とはどういう意味だったのだろう。平八と会った時、私はすでに生前の武井について自分なりの人物像を勝手に作り上げていた。冒険はやはり彼の人生にとってなくてはならないものだったのだろうか。

私がその時に作り上げていた武井像は、主に友人たちによってまとめられた追悼文集に拠(よ)っていた。文集には大学や高校時代の友人、先輩、後輩らが寄稿した文章が掲載されていた。文章は武井と交錯した青春の一風景を感傷的に切り取ったものがほとんどで、その親密さと切実なエピソードの連続に私は心を動かされた。しかし私の印象に最も強く残ったのは、友人たちのそうした思い出よりも、むしろ探検隊で彼と一緒だった中村進が残した次のような言葉だった。

義隆君、君のパドルさばきは見事だったね。（中略）前を漕航していた只野君が本流に入ったのを見た君は左手のパドルをかいてカヌーを右へ回し彼の後を追ってヤルンツァンポ本流の大きな波の中へ突っ込んでいったね。（中略）あの時、僕は本流に向かった君の本能的、直観的な判断に大きな感動を覚えました。そこに義隆君の勇気と偉大な人格を見たからでした。

君はカヌーを通じて自然を考え、自分を見つめ、自らの人間性を高め、そうした体験の中から自然界の法則を識り人格を高めて行ったのですね。君のその気高い精神は不滅です。

義隆君にとっての冒険は「生きていくための新たな道を開く大きな扉」だった。僕はそう理解しています。(『武井義隆追悼文集　まきると武井のこと』)

この文章を読んでから、私は冒険という言葉をキーワードに武井という人物を理解しようとした。なるほど武井は若いながらに見事な冒険家だったのだ。南極、北極、エベレストという地球の三極を制した中村は、さすがに短い付き合いの中でも武井の本質を見抜いたのだ。中村の武井という人物に対するこの直観的な理解は、鋭くその人物像を描き出しているように私には思われた。武井は大学四年の時に中南米を放浪し、五年で大学を卒業した後、就職もせず、おそらく人生に悩んでツアンポー峡谷へと旅立った。カヌーを通じて冒険の世界に踏み出し、冒険の世界に踏み出したことでどう生きるかということについて悩み、その先にツアンポー峡谷があった。つまり冒険こそが彼の人生を覚醒させる大きなきっかけとなったのではないだろうか。

私のこの理解は武井本人の文章によっても確実なものとして補強された。彼はツアンポー峡谷で遭難する三年前の一九九〇年、カヌークラブの仲間と一緒に米国のグランドキャニオンを訪れ、その迫力ある激流を生涯をかけた挑戦の対象として明確に意識していた。

　グランドキャニオンははんぱじゃない。私の出来る限りの挑戦をグランドキャニオンは微動だにせず、はねかえしてくれるだろう。だからこそいろいろ挑みたい。コロラド川を下る日が夢のようだ。たくさんの探検家がそこで命を落としている。しかし、そこに挑む姿は人間の自然の姿、本能のような気がしてならない。そして、私もチャレンジするつもりである。（前掲書）

　グランドキャニオンに血をたぎらせていた若き冒険家・武井義隆は、大学を卒業し社会に放り出された時、ツアンポー峡谷に挑戦しないかと耳元でささやかれた。彼の目にツアンポー峡谷はグランドキャニオンよりも大きな対象として映ったのではないか。ツアンポー峡谷は未踏だったし、川としての規模もグランドキャニオンをはるかにしのぐ。武井がツアンポー峡谷に行かなければならなかったのは、中村の言うように武井が冒険を媒介に生き方を考える、粗削りだが真の冒険家だったからにほかならず、武井が死ななければならなかったのは冒険家が避けることのできない「業」のようなものに陥ったからなのだ。

私は短絡的にそう理解しようとした。しかし今から考えると、偏見に満ちたこの武井像はあまり妥当ではなく、自分で作り上げた枠型に武井という人間をはめ込み、色眼鏡を通して彼の人生を眺めていたにすぎなかった。そのことは、いろいろな人に会って彼のことを聞いているうちに分かってきた。彼はどのような人間だったのか、なぜ彼はツアンポー峡谷に行き、そこで命を落とさなければならなかったのか、私は彼の友人たちを渡り歩いて話を聞いた。そして私が作り上げた「冒険家にして人生の放浪家・武井義隆」という像は、結局、自分の若い時の生き方を投影したものにすぎないのだと痛感させられた。私はツアンポー峡谷を探検するために人生を行きつ戻りつした自分の過去を、武井という同じ場所で亡くなった大学の先輩に重ね合わせていただけだった。自分と同じように冒険を人生における中核ととらえ、どのように生きるかについて悩み、ツアンポー峡谷に命をかけた人間として分かろうとしていた。

それは武井という人物の一部分をとらえていたのかもしれないが、確実に全体像としては間違っていた。武井は冒険というたったひとつのキーワードで理解できるような小さな人間ではなかった。冒険が彼の生き方を規定したのではなく、冒険、つまりカヌーやグランドキャニオンやツアンポー峡谷といったものは、彼が模索していた生き方のひとつの表出にすぎなかった。友人たちの口からことごとく語られたのは、武井の形容しがたい人物の大きさ、懐の深さであり、誰もが武井の大きさを、口では伝えきれないが会ったら分かるとしか説明できなかった。そうした武井の人物像を表すエピソードを、私は根掘り葉掘りいろいろな人にたずねたが、出てきた出来事はいずれもそれほど劇的ではなく、どこかで聞いたような小さな物語ばかりだった。それだけに説明しているほうは説明しきれていないもどかしさを感じているようだったが、そうした小さな物語によって強い印象を与えることのできる魅力を彼は持っていたのだろう。

カヌークラブOBの松永秀樹は武井が入部した時、大学三年生でクラブの主将だった。大学卒業後は海外援助系の法人に就職し、現在（二〇一〇年）は独立行政法人国際協力機構（JICA）でイラクやパレスチナなど中東方面の大規模なODA（政府開発援助）絡みの仕事をしている。カヌーは卒業後もしばらく続け、米国、ペルー、コスタリカ、ボルネオなどの辺境でも激流下りをした。明らかに冒険的な人生を歩んでおり、海外での修羅場の数も豊富で、旅先でも仕事先でも人間との濃密な出会いを繰り返してきた。その豊かな人生経験を誇る男が「武井って本当にすごい人間なんです」と、子供のようなまっすぐな言葉でその魅力を語り出したものだから、私は少々面食らった。「私も四一歳になります。世界中を旅していろんな人間に会ったけど、まあ、ちょっとあり得ないですね。計り知れないというか」

彼の語る武井像があまりに抽象的すぎて、出てくる言葉が漠然とした形容詞の連続だったので、私としては、そのすごさとはどういうものだったんですかとたずねるより仕方がなかった。

「説明するのは難しいですが、例えば司馬遼太郎の『竜馬がゆく』を読んだら坂本竜馬ってすごいなって思うじゃないですか。でも竜馬より大物だと感じましたね。もう人間の質として。別に何をしたわけじゃないんですけど……」。そこまで話すと彼は突然、お手上げですといった感じでハッハッハと大声で笑い出した。「すごいんですよ、もう。私の二つ下でしたけどね、もう全然かなわないわ、こいつにはと」

松永は背が低く、目がぐりぐりしていて、しゃべり方は懇切丁寧だが、明らかにエネルギッシュな人間であることは話しぶりからもうかがえた。武井が大学の先輩として最も尊敬していたのが松永だったというのは、何の不思議もないように思われた。

「武井は死生観が少し人とずれているところがあって、あれこれ考えてもしょうがない、人間死ぬ時は死ぬというようなある種の諦観があった。それが彼の魅力にもなっていたんですが、でもそれが悪い方向にいったのかもしれない」

松永は事故の直後、武井の捜索のために現場を訪れている。事故が起きたポー川を見た時、彼は「自分でも漕げそうな感じがした」という。「川の中に人間が入らないと、比較する対象がないからスケールを錯覚してしまうんです。後から二人が漕いでいるところを撮ったビデオを見ると、川の印象はぜんぜん違う。そこに武井独特の諦観が加わってしまったのかもしれません」

松永はそう言って、ツアンポー川の本流に飛び出した時の武井の最後の瞬間を振り返った。

「最後に只野を追って消えていくシーンを見ると、ああいうのは本当にできないなという感じですね。自分が助かることができるのに、流されていく只野を見て……。私だったら躊躇(ちゅうちょ)すると思いますね。もうその先にあるのは地獄ですから」

武井は大学四年の時に一年間かけて中南米を旅行したが、その旅の途中、母親の幸子(ゆきこ)に、ひょっとしたら自分の人生を左右する人と出会ったのかもしれないと電話で話すほど、影響を受けた人と出会っている。それが菅尾淳一(すがおじゆんいち)だった。当時フリーランスの広告代理業をしていた菅尾は、テレビの取材も兼ねてニューヨーク、リオデジャネイロ、サルバドールと渡り歩き、そこで武井と出会った。事故が起きる一年半前のことだった。カーニバルの真っ黒な人だかりの中でたまたま菅尾と目が合った瞬間、武井は親しげに、これまでもさも知人であったかのように南米式に親指をまっすぐ立てた。それを見た菅尾もお返しに親指を立てた。その後、なんとか人込みをかき分け二人は合流し、屋台のような酒場に行き、初めての出会いをビールで乾杯したという。

「初めて会った時から、なんてこいつは大きいんだろうと。タガがないというか、なんとも雄大な男だと思いました。オーラをもって、大きさをもって、人をどこまでも受け入れる」

菅尾もまたとらえどころのない、ある意味、怪人物だった。広告代理店に勤めた後、二八歳で独立し、現在は広告代理業や出版プロデュースなどを手掛けているという。語られる言葉は常に劇的で、紡ぎだされる文章はリズミカルかつドラマチック、何をやっているのか分からない不可解さが彼という人間にある種の奥深さを与えていて、若者を惹きつける魅力にはこと欠かない人物だった。武井は中南米旅行から帰国後一年間、夜勤の警備員のアルバイトを続けながら、大学を卒業するために学業を優先する毎日を送ったが、時折、時間を見つけては菅尾とともに原宿や六本木のバーを飲み回ったという。時代はまだバブルの余韻を引きずっていた。

武井が初めてツアンポー峡谷の川下りのことを話した時の様子を、菅尾は覚えていた。

「タケは地図を見せて、『危ないんですよ。相当危険だから無理です。やめときます』と話していました」。しかし時間が経つにつれ、やめておくと答えていた武井の言葉は徐々に変化を見せ始め、そのニュアンスは次第に曖昧（あいまい）になっていったという。お前、まさか行くんじゃないだろうな。冗談っぽくそう問いただしたことがあったが、武井は困ったように笑うだけだった。

菅尾が武井と最後に会ったのは、彼がチベットに出発する前日のことだった。前の晩に六本木のバーでささやかな送別会を開いた後、武井は友人たちと一緒に青山にあった菅尾のアパートに泊まった。翌日二人は昼食を食べた後、カフェでコーヒーを飲んだが、その別れの場面で武井はほとんど何も語らなかったという。

「今生の別れという、完全にそういう雰囲気でしたね。いつも堂々としているのに、かたまっていて、時間をかみしめているような感じだった」

チベットに出発する前、武井は県立高松高校の同級生にも、探検に対する同じような不安を口にしていた。

現在、香川県内で眼科医師をしている白神千恵子（しらがみちえこ）は、武井が父・平八の仕事の都合で転校していた時期を除き、小中高を通じて同じ学校に通っていたが、彼から頻繁に連絡がくるようになったのは、それぞれが別の大学へ進学してからだったという。旅先から近況を記した手紙が送られてくるようになり、白神が住んでいた大阪にもよく遊びに来た。年に数回、二人は夕食をともにしたり、大阪城公園を散歩して何時間も語りあったりしたという。

チベットに行く直前も武井は白神に会うため大阪までやって来た。二人は京橋駅で待ち合わせをしていたが、白神は前日にディスコで夜更かししたこともあり、待ち合わせの時間より四時間も遅れて着いたという。もういないだろうなと思ったが、武井はいつものように白いTシャツと薄汚れたジーパン姿で、まだそこに立っていた。二人はマクドナルドで食事をした後、いつもの通り大阪城公園を歩き午後七時頃に京橋駅で別れた。

その別れ際、改札の前で武井は、チベットで激流下りのメンバーに選ばれた、人間が行ったことのない川をカヌーで下るんやと、全然うれしくなさそうに話し出したという。行きたくないんやろな、と白神は思った。

「たぶん生きて帰ってこられないと思う。今回はだめかもしれん」

「大丈夫、生きて帰ってこられるからがんばったら」と、白神ははげました。「でも、嫌だったら、やめたらいいやん」

「自分が行くしかない。もう断れる状況にないんや」

その時の表情を白神は忘れられないという。

「なんか使命みたいになっていて、本当に暗い顔をしていました。最初は私が待たせて怒っているのかと思ったけど、その顔がずっと最後まで続いて……。いつも目を輝かせて楽しそうに話をするのに」

同じく高校の同級生だった小嶋公史（公益財団法人地球環境戦略研究機関上席研究員）が早稲田の喫茶店で武井と最後に会ったのは、彼がチベットに出発する数日前のことだった。武井はツアンポー川の図面のようなものを見せ、いかにとんでもない川かということを小嶋に説明したが、小嶋は武井の語るいつものスケールの大きな話に圧倒されるばかりだったという。

「もしかしたら帰ってこられんかもしれん、ということは言っていました」と小嶋は言った。

「判断に迷ったらやめるんだぞ、とは言ったけど、彼のことだから大丈夫だろうと思っていたんです」

小嶋と武井は高校一年の終わりごろから親しくなり、一緒に東京に出てきた浪人時代以降も頻繁に会い、人生について語り合う親友といってもいい間柄だった。

「武井さんは、なぜツアンポー峡谷に行ったんでしょうか」と私は小嶋に訊いた。

「いい話だと思ったのがきっかけではあったのかもしれない」と彼は言った。「お金はかからないし、自分が打ち込んでいたカヌーの技量を買われたわけですから。未踏ということに好奇心をそそられたこともあったでしょう。しかし話を聞けば聞くほど、それが困難であることを彼は悟ったはずです。困難であるがゆえに、これは逃げてはいけない、自分でこの壁を乗り越えなくてはならないと突きつめた気持ちになっていったんだと思います」

ちゃんと生きているか？　それが武井の口癖だったと小嶋は言った。自分にも他人にもこの質問をよく投げかけたという。

「生きるということにかなり高いハードルを課していました。自分を燃焼し尽くすこと、困難に向かっていく高揚感、充実感なしには本当に生きたことにはならない。そういう哲学があったからこそ、ヤル・ツアンポーからも逃げたらあかんという気持ちになったんだと思います」

武井にとってツアンポー峡谷は、「ちゃんと生きる」ために乗り越えなければならない壁だった。武井はそこで生き残ることができずに命を落としたが、同時に彼がそこでちゃんと生きていたことも同じくらい確かだったのではないだろうか。小嶋の話を聞くうちに、私はそんな思いにとらわれていた。それは武井が命を落とす直接的な原因となった、只野を追いかけツアンポー本流にカヌーを漕ぎだした、あの場面に表れているのではないか。究極の選択を迫られた瞬間、彼の人間性はむき出しになっていて、生涯の全一瞬がそこに象徴されているような気がした。

修行をしてくる。そういえば、それが父に伝えた武井の最後の言葉だった。

6

武井が行方不明になったという一報が入った時、母の幸子はパートの仕事に出るため、高松市内にあった平八が勤めていた銀行の社宅アパートを出るところだった。連絡が入ったのは事故があってから三日経った一九九三年九月一三日午前九時頃だった。電話に出ると、受話器の向こうからヴィジュアルフォークロアの女性の声がした。嫌な予感がした。

「中国から連絡が入りまして、詳しくは分からないんですけど、息子さんが行方不明になったみたいで……」

目の前が真っ暗になった。すぐにパート先の会社に電話して、その日の勤務を休ませてもらうことにした。分かったのは息子が行方不明になり捜索されているということだけで、いつどこで、何がどのように起きたのか、まったく分からなかった。

チベットの誰も行ったことのない川で激流下りをすると聞いた時、幸子は絶対にだめと反対した。この間も中南米を旅行して何カ月も連絡をしてこないで、親にさんざん迷惑をかけたばかりなのに、あんな思いは二度とさせないでほしいと幸子は息子に強く言った。分かっていると、息子はその時はそう言った。ちょっと会ってみて断るよ、と。しかしすでにその時、彼はおそらくそこに行くことを決めていたのだ。一カ月も山に入るので、時間もあって危険なところに行く経験や体力があるのはぼくしかいない、カヌーがうまい人はいるけどみんな会社に勤めているからと、そう言っていた。あんたの人生はカヌーだけじゃないんやで、死んだら新聞に一行出て終わりやで。幸子はそう諭したものの、最後は息子の思いをくみ取ることにした。

アパートの一室で幸子は次の連絡を待った。あの時話したことが現実になるかもしれない。今となってはやはり、足にしがみついてでも止めるべきだった。

次の連絡が入ったのは夕方になってからのことだった。「報道関係の方がもう待ってくれないのでニュースで流れます」

午後七時のNHKニュースをつけると、息子がツアンポー峡谷で遭難し死亡したと報道されていた。幸子はすぐに電話してNHKに抗議した。そんな連絡は受けていないし、義隆が死んだなんて、なんの根拠があって言っているんですか。報道を見た幸子の友人が一〇人くらい、彼女を励ますために駆けつけてくれた。そしてマスコミの記者も大勢、アパートの周りを取り囲んだ。

同じ頃、米国ワシントンDCにあるジョンズ・ホプキンス大学の高等国際問題研究大学院に留学していた松永秀樹のところにも一報が入った。当時つきあっていた女性から、どうも武井が事故に遭い、行方が分からなくなっているらしいと国際電話があったのだ。大学院に来てからまだ一週間ほどしか経っていなかったが、留学なんか続けている場合じゃないと思った。松永は武井の行方不明に痛恨ともいえる責任を感じていたのだ。武井にカヌーを教えたのは自分で、武井を北村に紹介したのも自分であると。それに何より彼は武井という人物に心底ほれ込んでいた。

すぐに成田への航空チケットを用意し、翌日帰国した。その足で早稲田に向かうとクラブのOBたちが集まっており、情報が入らないのでとりあえず誰かを現地に向かわせることになった。先輩のひとりが松永のほうに顔を向けた。

「マツ、行ってくれるか」

「留学とか、会社とか、どうするんですか」。松永がそう訊くと、先輩は当たり前じゃないかという感じで言った。「悪いけど、やめてくれ」

「分かりました」と松永は答えた。

翌日には高松の武井の実家に飛び、平八と一緒にチベットに向かうことになった。その場で職場の人事に「すいません、会社を辞めさせてもらいます」と電話した。「明日からチベットへ行かなきゃならなくなりました。たぶん戻っては来られないと思いますんで」

電話に出た人事担当者は、誰だか知らないが、ずいぶんと男気のある人だった。「なんだか分からないけど、とにかく行って来い」

武井が生存している可能性にかけて、平八や松永は幸子の手紙や武井の顔写真の入ったビラ、チョコレート菓子といった非常食などを詰め込んだビーチボールを一五〇個用意した。そしてクラブの後輩や武井の友人とともにラサに向かった。

菅尾淳一の自宅にも連絡が来た。外出先から帰宅すると、武井とも何度か一緒に行ったことがある中南米音楽のレコード店の知人からファクスが送られてきていた。

——今日、新聞で見ましたが、九月一〇日、チベットで邦人、カヌーで行方不明、武井義隆さんというのは、あの武井君じゃないでしょうか。

その文面を見た時、武井が別れ際に見せたあの不安そうな表情を菅尾は思い出した。

これは無理だ。家の留守番電話を再生すると、カヌークラブの武井の友人からメッセージが入っていた。

――菅尾さんとはお会いしたことはありませんが、武井からよく話は聞いていました。ぼくは苦しくてしょうがありません。

頭がおかしくなりそうで、気分転換のため外に出ようと思った。玄関を開けた瞬間、菅尾も何度か会ったことがある武井の高校時代の同級生がそこに立っていた。体が不自由になっていてもいいから、生きていてほしい。目を真っ赤にはらしながら、彼はそう言っていた。

武井が遭難した翌年の一九九四年五月、平八は、松永や探検隊の隊員だった中村進らと一緒に再びチベットを訪れ、息子が激流に巻き込まれた現場を訪ねるためツアンポー峡谷に向かった。

「息子がどういう気持ちで行かなければならなかったのか、どうしても知りたかった。そのために死ぬまでに一度、その場所を見てみたかったんです」

七人の日本人が成田から北京、成都を経由し、ラサに到着したのは五月一三日だった。ラサの名刹セラ寺で武井義隆生存への祈願法要が営まれた後、ランドクルーザーで悪路を東に進み、一六日にペイルンの村に到着した。ペイルンからザチュまで三日かかった。

雨期に入る前だったので道は崩壊しておらず、比較的しっかりしていた。

村に着いた翌日、平八たちは武井が流されたポー川の現場を訪れた。事故現場からツアンポー本流の合流点まで川原を歩き、そこからさらに二キロほど下流まで進んだ。事故が起きた九月と比べ、川の水量は激減していた。水位は数メートル下がり、灰色に濁り不気味にうねっていた流れは、青い白波に変わっていた。しかし平八にしてみたら、その流れが驚異であることに変わりはなかった。波は砕け、轟音が岩壁に響いていた。減水期でこれほどの激流なのだから、息子が流された増水期の川はいったいどんな状態だったというのだろう。人間の下れる川ではない、と平八は思った。

ザチュに戻ってから平八たちは武井の慰霊碑を作ることにした。村から少し登ったところにツアンポー川の流れを見渡せる小高い丘があり、タルチョが風になびいていた。仏法が世界に広まるようにとの祈りが込められた、チベット仏教に特徴的な五色の旗だ。平八は日本から持参したハンマーとたがねで、そこにあった岩の表面を削り始めた。その中に、息子が小さい頃、家族みんなで行った旅行やピクニックの写真、それから幸子から預かった手紙を入れた。その上に高松名産の庵治石（あじいし）で作ったレリーフをかぶせ、セメントで固定した。レリーフには「武井義隆ヤル・ツアンポー　カヌー初航下」という意味の言葉が中国語で彫り込まれていた。

平八は慰霊碑のまわりに桃の苗木を植え、コスモスの種をまいた。それは、花くらいないと義隆が寂しいだろうなと思い、幸子が平八に託したものだった。

その旅から二年後、二人のもとに思わぬ知らせが届けられた。事故の時、武井が身に着けていたライフジャケットが見つかったと、中村進から連絡があったのだ。見つけたのは当時テレビ朝日のディレクターだった大谷映芳(おおたにえいほう)だった。大谷は一九九六年、ツアンポー峡谷の番組制作のため、インド国境に近いメトの村からザチュまで踏査した。その途中で村人が猟の最中に緑と黒のライフジャケットを見つけたという話を聞いたのである。村人が見つけた時、武井が流された合流点から約二〇キロ下流にある巨大な渦の中で、そのライフジャケットはくるくると回っていたという。大谷は武井が遭難したことを知っていたので、村人にかけ合ってそれを譲ってもらった。そして帰国後に知人である中村に託し、ライフジャケットは両親のもとに渡った。

だがその時、二人のもとに届けられたのは、息子のライフジャケットだけではなかった。大谷の撮影隊はもうひとつ大きな贈り物を、平八と幸子にすることになったのである。

彼の番組を家で見ていた時、平八と幸子は思わず声を上げた。カメラが大きくザチュの村全体を映し出した時、村の上のほうに紫色の花が咲いているのが見えたのだ。

あ、あれだと幸子は思った。

「お父さん、咲いてるわよ」

平八も近づき、画面をじっと見つめた。「ほんまや」

それはコスモスの花だった。幸子が平八に託したコスモスの花が、ツアンポー峡谷を見下ろす丘の上で見事に花を咲かせていた。

第四章 「門」——二〇〇二年一二月 ポー川とツアンポー川合流点付近

大きな衝撃とともに私の体は突然止まった。最初は何があったのかよく分からなかった。少しぼーっとしてから後ろを振り向くと、背中の横に大きなマツの木が立っていた。

二〇〇二年一二月二四日、ジェヤンの住む村を出発した後、夜間行動中に腐った木の根を踏みぬいて滑落した私は、そのマツの木の真ん中に背中のザックからぶつかり、ピタリと止まったのだ。滑落した距離は一五メートルほどだろうか。一瞬前まで奈落の底へ転がり落ちていたはずなのに、信じがたい幸運に恵まれ、私は再び自分が明日のある世界にいることを知った。少しでも左右にずれていたら体は止まらず、きっとそのまま滑落を続けていただろう。そして周りにはこれほど立派な木はほかになかった。大木の根元に横たわりながら、私は少し冷静になった。こんなことを続けていたら、そのうち死んでしまう。

命を助けてくれたこの木に体を結び、寝袋に体を半分つっ込んでビバーク（緊急避難的な要素の強い野営）することにした。暗闇の底からツアンポー川の轟音がこだまし、上空を見上げるとヒマラヤの星が瞬いていた。私は奇跡的に生き残ったが、それはただ単に幸運だったから、というだけのことにすぎなかった（私が滑落して助かったこの場所は偶然にも只野靖が約一〇年前、ツアンポー川で流されてたどり着いた岩棚の近くだった）。

目が覚めると空はどんよりと曇っていた。自分の体が登山用の命綱で大木に結び付けられているのを見て、昨日の晩に自分が滑落したことを思い出した。ひどいクリスマスの朝だった。時計を見ると、すでに午前八時を過ぎていた。急斜面の木の根元に横になるというひどい体勢だったわりには、ずいぶんと朝寝坊をしていた。

出発して一時間、目指していた小さな沢に到着した。それは前日高巻きを始める前、二、三時間で到達できるだろうとふんだ沢だったが、結局ビバークした時間を含めると実に二〇時間以上かかったことになる。水をがぶ飲みし、フリーズドライのコメをガスコンロで炊いた。前日の朝、ジェヤンの家でチャパティを食べて以来、ほぼ二四時間ぶりの食事だった。

急斜面をしばらく進むと再び岩場が現れた。岩場は急峻で、そのまま横切っていくことはできないので、ロープを使って川まで下りることにした。しっかりとした立ち木を支点に選び、その木の幹に二本のロープを回して結んだ。木からぶら下げたロープに専用の下降器具をつけて体重を預けると、ロープが切れるか支点が壊れない限り、どんなに傾斜が強い場所でも安全に下ることができる。懸垂下降と呼ばれる技術だ。私が用意していたのは三五メートルロープ二本なので、それを結んで支点で折り返すとその分だけ下降できる。ロープいっぱい下ると、また次の立ち木にかけ替えて同じことを繰り返した。それを三回、つまりロープスケールで三ピッチ分、一〇〇メートルほど下ると川に下り立った。対岸には先日、ジェヤンらと巡礼した聖地ゴンポ・ネが見え、この日も数人の村人が時計回りに巡礼していた。対岸の岩場をロープで下っている妙な人間を見て、あれはなんだとささやき合っているに違いない。こんなところに人間などいるはずはないのだ。

　川原を上流に向かって歩くと硫黄(いおう)のにおいが漂ってきた。ツアンポー川は左に屈曲し、その屈曲部分の内側の広い砂地に温泉が湧いていた。お湯の中に手を入れ、湯加減を確かめてみると、ちょうどいい温度だった。そこにテントを張り、温泉に入ろうと衣服を砂地の上に脱ぎ捨てた。その時、私は自分の体に不気味な異変が生じていることに気がついた。手の指先から足のつま先に至るまで、全身が赤いぶつぶつで覆われていたのだ。数手のひらで触れてみると、肌がまるで爬虫類(はちゅうるい)のうろこのようにぼこぼこしていた。数え切れないほどのダニが私の体に群がっていたらしい。おそらく前日、滑落して外でビバークした時にやられたのだろう。その後、日が経つにつれ、ダニの咬傷(こうしょう)はどんどん増え、そのうち表面からすき間がなくなってしまうくらい、私の体はかゆいぶつぶつに覆われた。

温泉から先に二日間谷の中を進むと、川沿いがひどく切り立ったゴルジュ（せまい峡谷）に変わった。昼頃、大きな岩場に出くわしたので、そこを懸垂下降して川原に下り立つと、さらに向こうで、高さ数百メートルの垂直の岩壁に行く手をさえぎられているのが見えた。ツアンポー川はそこで巨大な岩壁にはさまれ、川幅はわずか二〇メートルから三〇メートルほどにせばまっていた。チベット高原を横断してきたこのアジア有数の大河は、このヒマラヤの最奥で山々を切り開き、かんぬきのおりた扉を強引にこじ開け、火を噴くように白い飛沫(しぶき)をあげていた。巨大な岩壁にはさまれたあの場所は、ツアンポー峡谷の中でも最も川幅がせばまるところに違いない。自分のいるところからそこまでは、まだ五〇〇メートルほどの距離があった。私はそのツアンポー峡谷の最狭部を、勝手に「門」と呼ぶことにした。そこは門のように両岸がそそり立ち、空白の五マイルに入るための関門にほかならず、こじ開けた先には伝説的な地理上の空白部がねむっているのだ。「門」は川沿いを岩壁に守られており、突破するとしたらずいぶん苦労しそうだった。岩壁には緑がうっすらと生えてはいるものの、ほとんど垂直に近い傾斜で八〇〇メートルほどせり上がっていた。

私は川沿いを進んで「門」を目指した。途中で岩場に行く手を阻まれたので、ハーケンを打って越え、さらに懸垂下降で川原に下りると、ようやく「門」の入り口にたどり着いた。「門」の中でも最もせまい部分が一〇〇メートル先にまで迫り、目測で高さ一〇メートルほどの滝となって落ち込んでいるのが見えた。「門」を越えるには、岩壁の手前で急傾斜の灌木帯を八〇〇メートルほど登り、向こう側に越えるしか方法はなさそうだった。

時刻はすでに午後三時半。この日の行動終了時間は近づいていたが、私はためしにこの急な灌木帯にとりついてみた。灌木をぐっとつかみ強引に体を持ち上げる。それを単調に何度も繰り返す。急な岩の上に濡れた泥がうっすらとのっかっているような状態なので、足をかけるとつま先が岩を引っかいて滑ってしまう。灌木をつかみながら五〇メートルほど登ったが、背中には三〇キロ近い荷物を背負っていたので、次第に腕が疲れて、自分の体を保つのもつらくなってきた。やむなくそこで一度登攀をあきらめ、その日は川の脇で幕営することにした。

テントに入り、お茶を一杯飲んで途方に暮れた。探検の前、どんなに険しいといっても所詮ツアンポー峡谷は灌木の密生したヤブの谷だとなめていた。苦労はするだろうが、木が生えているんだから登れないことはないだろう。それは日本の登山の経験から導き出されていた確実性の高い予想のはずだったが、実際現地に来てみるとそれが甘い考えであることが、いやというほど思い知らされた。「門」は今までに経験がないほど険しいうえ、氷壁みたいに足がつるつると滑る、まったく規格外のヤブ山だった。

翌日、私は登攀のやり方を変えて、もう一度、「門」の突破に挑戦した。まず荷物を下に置き、ロープをつけて空身（からみ）で登る。三五メートル登ったところでロープを固定し、荷物のところまで下りて、今度はロープを頼りに荷物を背負って登る。だが結果は同じだった。空身で登るのは問題なかったが、荷上げに時間と体力がかかりすぎる。私が持ってきていたクライミング用のロープは、墜落時の衝撃を吸収するために伸びる構造になっているので、荷物を背負って体重をかけるとうまく力が伝わらないのだ。全力でロープをつかみ泥壁に足をひっかけ、なんとか体を五〇センチ上にずらしてロープにぶら下がると、三〇センチ伸びてまたやり直し、そんなことを延々と繰り返した。こんなところで現代のナイロン製クライミングロープの高性能を実感するとは夢にも思わなかった。墜落しても衝撃を吸収しない、六〇年前のマニラ麻ロープでも持ってくるべきだった。

その日はまる一日、「門」の登攀を続けた。ロープで上から荷物を引っ張り上げる方法も試してみたが、ヤブにザックが引っ掛かって全然進まない。ロープスケールで三ピッチ分登ると、すでに日没が近い時間になっていた。このペースで一日一〇〇メートルほど登ったところで、高さ八〇〇メートルのこの急傾斜の壁を越えるのに一週間はかかる計算になる。厳しいなと思った。水も補給できないし、ここを単独で越えることは、どうやら難しいらしい。

山々は相変わらず灰色の雲に覆われ、泥にまみれた汗がじっとりと頬を伝って落ちた。空気は湿っていて重く、濃い密林が深い沈黙を守っていた。「門」の突破をあきらめる。それはツアンポー峡谷の完全突破という今回の旅の目標も、断念せざるを得ないということを意味していた。悲壮な思いでツアンポー峡谷にやっては来たものの、多くの探検家の挑戦を跳ね返してきたこの谷のスケールは、私のちっぽけな決意などはるかに上回っていた。私はみじめな気持ちで川際まで下り、翌日から同じルートを戻り、一度ジェヤンの住む村まで帰ることにした。

ジェヤンがワイヤーブリッジの近くに隠しておいてくれた滑車が、どうやら本当に役に立つことになりそうだった。

村に戻ったのはそれから三日後の一二月三一日のことだった。ワイヤーブリッジの近くの岩陰をのぞき込むと、ジェヤンが隠した滑車がまだ残っていた。滑車をセットし、一気にワイヤーブリッジを滑走し、山道を登り、そろそろ日が暮れようかという時刻に村に到着した。

少し照れた笑いを浮かべながらジェヤンの家の戸をあけると、夕食の準備をしていた妻のソナムデキがこちらを振り向いた。一瞬、驚いた顔を見せたが、やって来たのがこの前、家に泊まっていた変な日本人だと分かり、にっこりほほ笑んで何か言った。ジェヤンは村のラマ僧のところにお祈りに出かけているという。三〇分後にジェヤンが子供と一緒に戻ってくると、私の顔を見るなり、にやりと笑った。彼はどこか得意げな表情でそんなことを言った。「大峡谷はすごく険しいって言っただろ」。

「おれの滑車を使ったのか？　そうか。たぶんこういうことになると思ったんだ」

この日から私はほとんどジェヤンの家の居候と化した。不愉快で憂鬱な探検活動から彼の家に戻ると、私はまるで自宅にいるかのように落ち着くことができた。居間に彼が貸してくれた分厚い布団を敷き、そこで横になると久しぶりに熟睡できた。目が覚めるとツァンパ（チベット人の主食。チンコー麦をひいて粉にしたもの。麦こがし）かチャパティ、それに粉ミルクで作った偽のバター茶という朝食が当たり前のように差し出され、それを私は当たり前のように食べた。唐辛子ソースをつけてチャパティを食べていると、隣でソナムデキが私の布団をたたみ始め、それを見て私は布団ぐらい自分でたたむべきだったと反省した。毎朝がそんな感じだった。

彼の幼い息子は、私によくなついてくれた。ただ、機嫌が悪いことが多く、お母さんのソナムデキがいないといつも大声で泣きわめき、ナイフや包丁を持って暴れるという、いささか難しい性格の子供だった。そのたびにジェヤンは息子をあやし、怒鳴りつけ、それでも泣きやまない時はズボンをめくってお尻をペンペンと叩いた。子供が泣いたら尻を叩くという習慣はどうやら世界共通の文化であるらしく、六本木の高層ビルに住むヒルズ族も、火縄銃で獣を追いかけるモンパ族もそれは変わらないようだった。

火縄銃といえば、ジェヤンが持っていたのは銃身の先から鉛の弾を押しこみ麻縄に火をつけて発砲するという、まさに誰もが頭に思い浮かべる火縄銃だった。弾も溶かした鉛を鋳型(いがた)に流し込んで自作する原始的なもので、五〇〇年近く前に種子島(たねがしま)に伝わった鉄砲は、こういうものだったに違いないと思わせるような年代物だった。彼は山に出かける時、いつもこの銃を自慢げに肩からぶら下げていた。森の奥で物音がすると、お前はここで待っていろとひとこと言い残し、俊敏な動きで銃を携え森の中に消えていった。ただ残念ながら、私がツアンポー峡谷に滞在した二カ月強の間、彼がこの自慢の銃で獲物を仕留めたことは一度もなかった。

「門」で敗退して村に戻って来た翌日、二〇〇三年の新年を迎えた。朝食を食べた後、私はジェヤンに今後の探検の計画について話を持ちかけた。「門」を突破できなかったからといって、今回の探検をあきらめるつもりはなかった。「門」の壁でロープにぶら下がりながら、そこを突破できないことに気がついた時、私の頭の中にはすでに次の計画が浮かんでいた。それはザチュから山道に沿って下流に向かい、そこから西にある大きな山稜(さんりょう)を越え、キングドン＝ウォードが探検できなかった空白の五マイルに入り込むというものだ。ザチュから一気にギャラを目指すという当初の計画には失敗したが、残された空白部に何があるのか見てみたいという思いを抑えることはできなかった。

ザチュは、「逆Uの字」型を描く大屈曲部の頂点にあたる村だ。ザチュから「逆Uの字」の右（東）側の山道を下っていくとバユーやアシデンという村があり、そこから「逆Uの字」の背骨にあたる大きな山稜を越え、左（西）側の川に下り立つと、ちょうど空白の五マイルになる。その計画を私はジェヤンに話してみた。

「アシデンから峠を越え、ツアンポー川に下り立つことは可能だ」と彼は言った。

「じゃあそこまでポーターとして一緒に行ってもらえないか」

彼は少し迷った後、自分ひとりでは無理だと言った。峠にはもう雪が深く積もっているので、それに備えて荷運びの頭数がもう少し必要だ、というのが彼の意見だった。そしてそれに最適な人間を自分は知っている、それはダンドゥップという名前の自分の弟だ、と彼は言った。ダンドゥップは五年ほど前、アシデンから峠を越えて空白の五マイルに下りたことがあるという。

ジェヤンとダンドゥップは顔つきから性格に至るまで全然似ていなかった。目が細くて鋭い顔つきをしたジェヤンと違い、ダンドゥップの目は丸く表情はつかみどころがなかった。ジェヤンは昼間から酒ばかり飲み、夜中に奥さんのソナムデキを殴りつけたり、ソナムデキから殴り返されたりしていたが、ダンドゥップは酒をあまり飲まないらしく、夜中にジェヤンとソナムデキのけんかを止めに来るのが彼の役目だった。ジェヤンは分かりやすい人間だったが、ダンドゥップはどこか泰然自若としており、いざという時は頼りになりそうだが普段は何を考えているのか分からなかった。ジェヤンの妻ソナムデキはさほどの美人ではなかったが、ダンドゥップの奥さんは目元がぱっちりした村一番の美人だった。常に迷彩服と迷彩ズックを身に着けているというその服装と、髪の毛がぼさぼさなこと以外、この兄弟の間に共通点を見つけることは難しかった（当然、この共通点は村の男全員の共通点でもある）。

一月二日、私はジェヤンに出発しようと言った。しかし彼は仕事があるから、出発は明後日にしてくれと言った。この山奥の村でなんの仕事があるのか不思議に思い、見に行ってみると、村人が総出でチョルテンを作っていた。作り始めてからもう五日目だという。チョルテンとは仏塔のことである。ザチュの周辺に住むモンパ族の人たちも、他の地域のチベット人と同じように敬虔（けいけん）なチベット仏教徒である。彼らは石を砕き、それを積み上げ、こねたモルタルをまわりに塗りつけ、男も女も大人も子供も村中総出でチョルテンを作り上げていた。完成したのは一月四日のことだった。石灰で真っ白に色づけされた洋ナシのようなかたちの仏塔が、日の暮れかけたヒマラヤの雪山を背景にまばゆくたたずんでいた。ラマ僧がお経を唱え、チャンという酒がふるまわれ、村人たちは完成したばかりのチョルテンの周りを、何度も何度も時計回りに歩いた。

祭りはその後も続き、私たちがアシデンに向かったのは結局一月七日にずれ込んだ。

もう何度目になるのか分からないワイヤーブリッジでツアンポー川を対岸に渡り、峠を二つ越えた。アシデンに着いたのは、日が暮れる前のことだった。村のあたりでツアンポー川は高さ数百メートルの垂壁に囲まれ、細い流れが滝となって何本もその垂壁を落ちていた。

驚いたことにアシデンもその前に通り過ぎたバユーも、村人はすでに誰も住んでおらず、村は建物だけが残るゴーストタウンと化していた。私が出会ったのは忘れ物を取りに来たというバユーの年老いた男だけで、村人は全員政府により強制的に移住させられてしまったのだそうだ。後に知ったことだが、中国政府はツアンポー峡谷一帯を自然公園にし、その生態系を後世に残すことを理由に、村人をほかの町に移住させたのだという。

翌日、私たちはアシデンの廃村を出発した。ヤブの中のわずかな踏み跡をたどり、細い尾根を登ると、高原湿地の中を小さな沢が流れていた。この時、私が目指していたのは空白の五マイルだったが、その五マイルならどこでもいいと考えていたわけではない。アシデンから峠を越えて下りたところにある、ある場所を目指していたのだ。その場所で五年前、米国の探検隊が信じられないものを発見しており、ダンドゥップがその場所のことを知っているのは、この探検隊のポーターを務めていたからだった。

「天気がいいので、明後日にはその場所に着くだろう」とダンドゥップは言った。

うっそうと生い茂るジャングルを登り、私たちは小さな沢沿いを登った。途中に村人たちが猟の時に使う幕営地があり、ジェヤンがそこに火縄銃を置いていった。峠が近づくにつれ雪が少しずつ深くなり、最後は日の当たらない北面を登ったのでひざが埋まるほど積もっていた。ジェヤンが何かぶつぶつと文句をつぶやいていた。雪をラッセルして歩くことは、ペラペラの布靴しか履いていない二人には過酷な労働であるらしい。

ツォデム・ラというその峠に到着すると、晴れていた空はいつのまにか厚い雲に覆われ、今にも雨が降りそうな天気に変わっていた。峠の反対側を下りれば空白の五マイルである。峠から先は急なヤブ斜面で、それを過ぎるとザレた砂利の斜面に変わった。対岸には一〇〇〇メートル近い垂直の岩壁が、川のすぐ脇からそそり立っているのが見えた。岩壁の山頂は槍（やり）のように鋭くとがっており、大事な宝が隠された巨大な砦（とりで）を思わせた。下りていくに従い谷はひとつの巨大な音響装置となり、激流の音がその中でこだましているのが聞こえてきた。私たちは今まさにツアンポー峡谷の核心部に下りようとしていた。ガイド役のダンドゥップが先導し、私とジェヤンはその後をついていった。木々の切れた見通しの良い場所で、ダンドゥップが立ち止まり、遠くのほうを指差して言った。あそこがその場所だ、明日には着くだろう。彼が指差した場所に目を凝らすと、たしかにそれがあることが私の目にも分かった。

途中のジャングルの中でキャンプをし、バター茶にとうもろこしを入れただけの朝食を食べて、翌日も私たちはその場所を目指した。よく晴れた朝だった。川が近づくにつれ、激流の音がだんだんと大きくなってくる。二人はサルのような速さでヤブの中を下りていき、私はその後を必死でついていった。キャンプ地を出発して二時間ほどで、私たちは目指すその場所に到達した。

ジェヤンが私のほうに顔を向けて何か言った。だが耳に突きささる爆音のせいで、口をパクパクさせる金魚みたいで、何を言っているのか分からなかった。私は耳に手を当てて大声で訊き返した。私たちが下りてきたところはわずかに平らな台地になっていて、そこにはタルチョが張りめぐらされていた。峠や川の合流点などの聖なる土地に、チベット人はこの五色の旗を張りめぐらせる。どうやらこの場所もすでに聖地になっているらしい。足元からは灰色の岩が川に向かって切れ落ち、対岸には濡れた岩壁が高くそびえ立っていた。

爆音の正体は滝だった。落ち口からは水煙がまき上がり、あたりの岩を黒く濡らしていた。足元の岩にさえぎられ、私たちの位置からはその落ち口しか見えないが、チベット中の氷河から集められた水がこの一点に凝縮しているのだ。せまい岩の裂け目には、チベット高原を横断してきたこの川のすべての瞬間があり、爆音と水しぶきがその迫力にいっそうのすごみを与えていた。滝は岩壁に四方を囲まれているうえ、ちょうど川が小さく屈曲しているところにあるので、すぐ近くまで来ないと周りからはまったく見えない。この滝こそ、わずか四年前の一九九八年に米国の探検隊が初めて到達した幻の滝だった。

上流を見渡すと約一キロ先にもうひとつの大きな滝が見えた。空白の五マイルを残したフランク・キングドン＝ウォードが、一九二四年に見つけた虹の滝である。二つの滝はたった一キロも離れていないのに、虹の滝が見つかってから幻の滝が見つかるまで、実に七四年という歳月が必要だったのだ。

それはあの伝説の探検家キントゥプの報告の中で、あると言われてから一〇〇年以上が経って本当に発見された、まさに幻の滝だった。

第五章　レース

1

米国人たちが幻の滝を見つけたのは一九九八年の冬のことだった。年が明けた一九九九年初頭、大学四年生だった私は、そのことをインターネットに掲載されたある記事で知った。探検部の友人がこんなのが見つかったぞと、その記事をプリントアウトした紙を部室に持ってきてくれたのだ。

その記事の見出しを見た瞬間、私は思わずプロレスラーにでも殴られたような衝撃を覚えた。やはり本当にあったのか、やられた……。紙にじっと目を落としながら何度も読み直したが、私の思いとは裏腹に、そこに書かれている内容が変わることはなかった。この発見に何か穴はないのか、まだそこで探検に取り組む余地は残されているのか、そもそも何かの間違いじゃないのか。目の前が真っ暗になり、冷や汗が流れてくるのを止めることができなかった。私はほとんど放心状態に陥り、友人に顔色が変わったことを悟られないようにするだけで精いっぱいだった。

友人が持ってきたのは、米国のナショナル・ジオグラフィック協会のサイトに掲載された記事だった。

【チベット奥地の峡谷で失われた滝発見　ワシントン発】チベット南部のツアンポー峡谷の未探検地から戻って来た探検家の一行は、一世紀以上にわたり伝説や憶測を生み出してきた、高さ一〇〇フィート（約三〇メートル）の滝を発見したと報告した。

滝はツアンポー上部峡谷地帯に残された伝説の未探検地、空白の五マイル（約八キロ）で見つかった。ツアンポー峡谷は世界で最も深い峡谷であり、ヒマラヤ山脈の東端で円弧を描いている。滝があるということは一九世紀から伝説として語られてきたが、一九二四年に最後に探検した英国の植物学者フランク・キングドン＝ウォードは、この滝は現実には存在しないと結論付けていた。

探検隊の中心人物はイアン・ベイカーという、カトマンズに住む米国人のチベット仏教研究者だった。記事と一緒に彼の印象的な顔写真も掲載されており、眼窩が深くくぼんでいて頬はひげでもじゃもじゃ、頭も天然パーマでチリチリだった。額にバンダナを巻いていて、いかにも秘境を探検しているところですといった雰囲気が、その顔からはにじみ出ていた。

彼らが滝を発見したのは一九九八年一一月八日のことだった。測量器具を用いて測定してみたところ、滝の高さは三〇メートルから三五メートルもあったという。丸太を放り込んだあの伝説の探検家キントゥプの報告の中にあったのは、ツアンポー峡谷には約四五メートルの滝があるという情報だった。キントゥプの滝は、その存在自体がフレデリック・M・ベイリーの調査で間違いだったことが証明されたが、それでもこの伝説があったからこそ、世界中の探検家はツアンポー峡谷には幻の大滝があるという幻想を抱き続けてきたのだ。イアン・ベイカーらが発見した滝は、キントゥプの伝説に比べると六割から七割程度の大きさしかなかったものの、それでもそれまでに発見されたツアンポー峡谷の滝の中では最大のものだった。それにヒマラヤで知られているどんな滝よりも大きいのだという。彼らはこの滝に、仏教の女神にあやかり「ヒドゥン・フォール・オブ・ドルジェパグモ」(ドルジェパグモの幻の滝)という名前をつけた。

この記事を読んだ時、私は半年前に偵察のため、探検部の仲間と初めてツアンポー峡谷に行ってきたばかりだった。帰国してからもキングドン＝ウォードが残した空白の五マイルを探検すべく、新たに隊を組み直し、日本の険しい峡谷地帯で仲間とともに何度も訓練に励んでいた。

とはいえ大滝の存在についての私の意見はあくまで控えめで、どちらかといえば否定的ともいえる見方を周りの友人には示していた。大滝がどこかにあるといわれていたけど、そんなものがこの時代に残っていたら衛星写真で見つかっているよ。そういった常識的な意見を意識的に繰り返し、探検に行くのはあくまで世界最大の秘境に残された空白部を残らず踏査するためだと説明していた。たぶん何もないけど、ひょっとしたら何かあるかもしれない。そういったやや及び腰の態度が、幻の滝に対する私の一貫した公式見解とでもいうべきものだった。

この頃ちょうど、米国の企業が商用の地球観測衛星を打ち上げ、その衛星写真を企業向けに販売し始めようとしていた。実際、その企業が自分たちの人工衛星の能力を示すために、まだ地理的な謎として残っていた空白の五マイルの衛星写真を公開し、それを宣伝に利用するという話を私は誰かから聞いたことがあった（その話は本当だったらしく、数年後に空白の五マイルを写したその衛星写真をこの企業のサイトで見つけたが、ネットで公開された写真は滝があるかどうかが分かるほどの精度ではなかった）。インターネットにGPS、偵察衛星と、ミレニアムを間近に控えた高度情報化社会に生きているというのに、もしかしたら伝説の滝があるかもしれないなどという浮世離れした夢物語など、正直いって恥ずかしくてあまり口には出せなかったのだ。

だが本当のところは滝があってもおかしくないと、私は心の中でずっと思っていた。キングドン＝ウォードは自分が残した空白部分はわずか五マイル、約八キロだと書き残していたが、その距離は実は彼の目測をもとにした推測が交じっており、中国の信頼すべき一〇万分の一地形図によると、ポー川とツアンポー川との合流点から虹の滝にかけて実際に踏査されていない空白部は、まだ二二キロも残されていたのだ。その二二キロの間に川は約六〇〇メートルも高度を落としており、このクラスの大河としては異例の落ち込みぶりを示している。

この中に誰も知らない滝があっても全然おかしくない、いや、というよりあるべきだろう。そしてもしそれが本当にあるとしたら、発見するのはおれだ。

私は完全にそう決め込んでいた。半分冗談抜きで滝の発見を自分の人生設計の一部に組み込んでさえいた。一年以内に滝を発見し、新聞に取り上げられ、雑誌の取材を受け、夜一〇時から始まるニュース番組にゲストで登場し、英国王立地理学会で基調講演し、違いが分かる男としてインスタントコーヒーのテレビコマーシャルに出演する。そんなつもりでいたのである。そのせっかくの私のこれからの人生がその日、友人がなんの配慮もなく持ってきた一枚の記事ですべて台無しになった。

その後、私は中国当局の許可が取れないという理由でツアンポー峡谷を探検することを一時的に棚上げしたが、しかしそれは許可が取れないということが唯一の理由というわけではなかった。イアン・ベイカーに滝の発見で先を越され、ツアンポー峡谷を探検することにそれ以上の積極的な意義を見いだせなくなってしまったのだ。伝説の滝が見つかったのに、今さらツアンポー峡谷に行ってどうするというのだ。滝なんてないさと周囲にはうそぶいていたくせに、一番滝の魅力に取りつかれていたのが私だった。ナショナル・ジオグラフィックの記事の中でイアン・ベイカーは次のように語っていた。

「伝説の滝が本当にあると分かった時は、すごく興奮した。ツアンポーに大滝があるなんてみんな単なる幻想だと思っていたが、本当にあったし、考えていたよりも大きなものだったよ」

そのセリフを言うのが、二二歳の時の私の夢だった。

2

戦前のツアンポー峡谷の探検はインドを植民地とする英国人による物語であったが、一九九〇年代に突然始まった「第二次ツアンポー・ブーム」とでも呼ぶべき現代の探検は、主に米国人の手により進められた。中でも最も執念深くツアンポー峡谷に足を運び、大きな成果をあげたのがイアン・ベイカーを中心とする隊だった。

ナショナル・ジオグラフィックの記事が伝えた通り、一九二四年にキングドン＝ウォードが虹の滝に到達してからというもの、一九九〇年代になるまでツアンポー峡谷を探検した者はほとんどいなかった。例外として第二次大戦前後にペマコチュンや聖地ゴンポ・ネを訪れた、キングドン＝ウォードとは別のプラントハンターたちがいたが、一九四九年に中国共産党が中華人民共和国の建国を宣言し、それまで独立国を公言していたチベットが中国領となってからというもの、外国人がチベットを訪れることはほとんど不可能となった。

状況が変化したのは一九七〇年代末に文化大革命が終わり、毛沢東（もうたくとう）の死後復権した鄧（とう）小平（しょうへい）が改革開放を進めてからである。中国政府はチベットの未踏峰登山や秘境探検を外貨獲得の有力な手段として位置づけ、許可料や実経費の名目で多額の外貨を集めるため、外国隊を受け入れるようになったのである。その中でもとりわけ高い値がつけられたのがツアンポー峡谷であり、その脇にそびえるナムチャバルワ（七七八二メートル）だった。そしてこれらの登山や冒険にまず乗り出したのが、これからバブル景気に突入しようとしていた日本だった。

一九八五年、日本ヒマラヤ協会隊がギャラペリ（七二九四メートル）登山の偵察のため、チベットが中国に支配されてから初めて、外国人の隊としてツアンポー峡谷に入った。同じ年に別の隊として大分県山岳連盟隊もペマコチュンまで足を運んでいる。翌八六年、日本ヒマラヤ協会隊はギャラペリの初登頂に成功。ナムチャバルワも九二年、日本山岳会と中国の合同隊が前年に続く挑戦で初登頂した。この時、日本側の登山隊長だった重廣恒夫（しげひろつねお）によると、この登山で許可を取るのに要した費用は一億円前後、「チョモランマ登山が成功し、ナムチャバルワは中国にとって、次のカネのなる木だった」という。費用を負担したのはスポンサーだった読売新聞社だった。

日本隊がナムチャバルワに初登頂した一九九二年、もうひとつの目玉であったツアンポー峡谷探検の許可が米国隊に下りている。許可を取得したのはリチャード・フィッシャーという峡谷探検（キャニオニアリング）のスペシャリストだった。フィッシャーは一九七〇年代後半から、地元の人間もほとんど知らないようなアリゾナのマニアックな峡谷群を探検してきた、いわば米国のキャニオニアリング界における、無名だが熱心なパイオニアとでもいった存在だった。

中国当局からツアンポー峡谷の許可を得た経緯について、彼は『世界の大峡谷』という著書の中でユーモアたっぷりに描いている。許可を申請したのは一九八七年、四川省成都のとある旅行代理店に立ち寄った時のことだった。修道僧のようにやせ細った、英語の話せない初老の男性に向かって、彼はツアンポー峡谷への入域の許可が欲しいと通訳なしでまくしたてたという。だがその時は、《議論もなければ会話もなかった。数日もしたら、そんな出来事があったことなど頭の中から消えていた》。しかし五年後の一九九二年八月末の深夜、運命的な電話が彼のもとにかかってくる。受話器の向こうの声は聞き取りにくく、最初は友人がいたずら電話をかけてきたのかと思った。だが電話の声は「中国から電話をかけているんです！」と叫んでいた。なぜ中国から電話があるんだろう、と彼は不思議に思ったという。

「許可が取れましたよ！」

「許可？　いったいなんの？」

「チベットの大峡谷を探検するための許可ですよ」

世界中の冒険野郎の垂涎(すいぜん)の的だった探検許可を、無遠慮にも深夜にかかってきた幸運な電話で突然手中にしたフィッシャーは、一九九三年、ゴムボートでツアンポー峡谷を下るため本格的な遠征隊を組織する。そしてこの隊の中に、後に幻の滝に到達するイアン・ベイカーの名前もあったのである。

だがこの時のフィッシャーの探検は、決して順調に進んだわけではなかった。彼ら自身まったく予想もしていなかったことだが、探検に向かうキャラバンの途中で手ごわいライバルが出現したのである。フィッシャーの遠征隊は一九九三年四月にラサを出発し、最奥の村ギャラへと向かった。しかし予想以上の大雨に見舞われ、現地に行ってみるとゴムボート下りなど不可能なほど川は増水していた。そして川の様子を見ながら計画の変更を検討している時、彼らの前に思わぬ人物が姿を現した。大きなザックを頭の上にちらつかせながら、プルオーバー・ジャケットを着た人影が森の向こうから近づいて来る。前回、欧米の探検隊が入ったのが戦後間もなくというツアンポー峡谷の奥から、二人の白人が疲れ切った様子で姿を現したのだ。現れたのは登山家デビッド・ブリーシャヤーズの探検隊だった。

ブリーシャヤーズは何度もエベレストに登頂している米国の有名な登山家だ。彼自身の公式サイトには、熟達した映画製作者で冒険家、作家、登山家そしてプロの講演者、とある。エベレストの申し子みたいなブリーシャヤーズが、雪と氷の世界とはまったく異質な泥、ヤブ、害虫との格闘を強いられるツアンポー峡谷の探検に乗り出したのは、彼が以前からツアンポー峡谷の探検史に強い興味を抱いていたからだった。ツアンポー峡谷の探検を描いたマイケル・マクレー『シャングリ・ラの攻防』によると、ブリーシャヤーズのヒーローはツアンポー川に丸太を投げ込んだあのキントゥプで、この一九九三年の遠征の目的は一九二四年のキングドン゠ウォードのルートをたどってナショナル・ジオグラフィック誌に記事を書くことだった。彼らはフィッシャーに先立つこと数週間前に、ツアンポー峡谷にやって来ていたのである。

ブリーシャヤーズがフィッシャー隊と出会ったのは、目的だったキングドン゠ウォードのルートに失敗し、引き返してきた時だった。一〇日間峡谷の中を探検したが、ペマコチュンの先で険しい断崖に行く手をはばまれ、それ以上先に進むことができなかったのである。ポーターの大半が夜中に逃げ出し、最後は食料が尽きて途中で見つけたサルの死体まで食べて帰ってきた。ブリーシヤーズは、偶然出会ったフィッシャーの隊員に向かって、谷の中を進むのはこれまでのどんなヒマラヤ遠征よりも大変だし、不快だったと話した。エベレストを登るより大変だぞ、と。それから大屈曲部の頂点にあたるポー川とツアンポー本流の合流点に向かうため、ブリーシヤーズはフィッシャー隊の前から姿を消した。

一方の峡谷探検家フィッシャーもゴムボートの計画を変更し、隊を二手に分けることにした。フィッシャーが率いる隊はブリーシヤーズと同じように大屈曲部の頂点を目指し、イアン・ベイカーら四人は別動隊として、ブリーシヤーズが失敗したキングドン＝ウォードのルートから空白の五マイルを目指すことになった。

キングドン＝ウォードのルートに向かったイアン・ベイカーらはブリーシヤーズと同じ苦労を味わった。踏み跡はキングドン＝ウォードがたどった一九二四年当時よりも荒れてしまい、地元の人たちもほとんど使わなくなっていた。ギャラから四日後にペマコチュンに到着したが、その伝説の僧院にはもはや人影はなく、ぼろぼろに崩れた石垣があるだけだった。ペマコチュンから谷を二つ越えると、ブリーシヤーズが敗退した岩壁に出くわした。イアン・ベイカーらは岩壁を迂回するルートを一日がかりで探して、なんとかそこを越えた。雨が連日のように降り続き、斜面は泥まみれで、ひどい苦労が続いた。それでもギャラを出発して一〇日目、なんとかキングドン＝ウォードの最終到達地点である虹の滝の手前までやって来た。しかしそこで川は高い岩壁にさえぎられ、先に進むことができなかった。彼らの目的はあくまで、虹の滝の先にある空白の五マイルを探検することだったが、その岩壁を越えることができず、結局、岩壁の南にある雪の峠を越えて、ツアンポー峡谷の無人地帯を脱出した。

イアン・ベイカーはこの旅で空白の五マイルに入ることこそできなかったが、それでもブリーシヤーズが失敗したキングドン＝ウォードのルートをたどることには成功した。あの伝説的なプラントハンター以来六九年ぶりに、ツアンポー峡谷の無人地帯を踏破したのである。しかしそれでも、地理的な観点からいえば、この一九九三年に訪れた探検隊の中で一番成果をあげたのは、実はブリーシヤーズだった。

キングドン＝ウォードのルートに失敗し、ポー川との合流点にやって来た後、彼はザチュの下流にあるバユーという村に向かった。この村から西に峠を越えて空白の五マイルを目指そうと思ったのだ。数名のモンパ族の猟師とともに峠に向かい、滝のスケッチを見せて、大きな滝があったらぜひ見てみたいと伝えた。翌日、一行は峠のある大きな尾根を移動し、空白の五マイルを見渡せる場所まで下りてきた。そこから谷を見下ろすと、あの伝説的な虹の滝の姿が彼の目に飛び込んできた。キングドン＝ウォードが六九年前に虹の滝を見たのは上流からだったので、この滝の姿を正面からしっかりと目撃した探検家はブリーシヤーズが初めてだった。

だがこの時、彼が収めた成果はそれだけではなかった。虹の滝から下流に双眼鏡を向けた時、そこからほんの一キロも下らないところに、もっと大きな滝があるのを見つけたのだ。ほとんど垂直の壁に囲まれ、その滝はまるで要塞に守られているみたいだった。いったいどのくらいの大きさがあるのだろう。険しい岩壁に阻まれブリーシヤーズはそれ以上おりて滝に近づくことはできなかったが、その滝こそイアン・ベイカーが五年後に到達する幻の滝だった。幻の滝を最初に見つけた探検家はイアン・ベイカーではなく、実はデビッド・ブリーシヤーズだったのである。

ブリーシヤーズのこの発見はイアン・ベイカーに強い刺激とインスピレーションを与えた。イアン・ベイカーは遠征が終わった一九九三年八月、ニューヨークにあるホテルのレストランでブリーシヤーズと再会し、虹の滝の下流部を写したスライドを見せてもらった。そこに映し出されていたのは、岩壁に囲まれた狭い峡谷で荒れ狂うツアンポー川の姿だった。

イアン・ベイカーは改めて空白の五マイルを探検する決意を強く固めた。ツアンポー峡谷に語られてきた幻の大滝は、やはり本当に実在するのかもしれない。

キングドン＝ウォードの探検以降、ツアンポーの滝は一般的な考え方として、事実よりも虚構の領域に移ってしまった。しかしキングドン＝ウォードとコーダー卿が探検できなかった空白の五マイルは、一九一三年にフレデリック・ベイリーが言っているように「現在まで残っている世界で最も謎の場所のひとつ」であり続けているのだ。一九九三年の旅の後、私とケン（筆者註：イアン・ベイカーの探検仲間）はその知られざる場所にもう一度舞い戻り、はっきりと答えが出るような探検をすることを決意した。ツアンポーに一〇〇フィートかそれ以上の滝が存在する可能性は、完全にゼロではないような気がしていたのだ。（イアン・ベイカー『世界の中心』）

3

いつから幻の滝の存在を確信するようになったのか、というメールでの私の質問に対し、イアン・ベイカーは「きっかけはキングドン＝ウォードの本だった」と答えている。

「『ツアンポー峡谷の謎』や、それ以前に書かれた英国の探検家の文章を読んでからというもの、私はツアンポー峡谷にあるという伝説の滝に心を奪われてしまった。キングドン＝ウォードとコーダー卿がこの峡谷の最深部に到達できなかったことを知り、ひらめいたんだ。伝説の滝の謎はまだ解決していないじゃないか」

イアン・ベイカーのツアンポー峡谷探検はキングドン＝ウォードやフレデリック・M・ベイリーとは一線を画するものだった。彼もまた先人たちと同じように、峡谷の中に幻の滝があると信じて探検を続けたのだが、他の探検家のように「滝の発見」という地理的な成果を目指していたわけではなかった。彼はあくまでツアンポー峡谷のどこかにある、ベユル・ペマコというシャングリ・ラのような伝説の理想郷を求めて探検を続けたのだ。言い伝えによると、滝の発見こそが理想郷へといざなう鍵になる。その意味で彼は探検家というより巡礼者だといえた。

イアン・ベイカーがチベット世界に伝わるこの理想郷について知ったのは、ネパールの首都カトマンズにおいてであった。一九歳の時、仏教美術を学ぶ大学の海外短期留学プログラムを利用してカトマンズを旅行した時、ある教師からヒマラヤにはベユルと呼ばれる場所があり、それは地図にも載っていないという話を聞いた。その理想郷伝説に興味を持った彼は、カトマンズに移住した後、ネパール国内で他のベユルを見つけたという高僧のもとで修行し、そこでベユルの中でも最高といわれる聖地の存在を教えられた。それがツアンポー峡谷にあるというベユル・ペマコの話だった。彼のベユル・ペマコに対する探索はそれから始まった。経典を集めて解読を進め、すでに開かれた他のベユルを訪れもした。一九九三年に峡谷探検家のフィッシャーから、ツアンポー峡谷に行かないかと誘われたのはそんな時だった。

フィッシャー隊に参加した後も、彼は何度もツアンポー峡谷に足を踏み入れた。あるラマ僧から中印国境地帯のクンドゥポトランという聖山に行けば、ツアンポー峡谷の理想郷に到達するための「鍵」が手に入るとハリウッドの冒険映画さながらの話を聞き、一九九五年にその聖山を探検している。さらに九七年には再びツアンポー峡谷を探検し、彼と別行動をとった仲間のひとりが、四年前に登山家のブリーシャヤーズが目撃したのと同じ未知の滝を「再発見」した。その滝はキングドン＝ウォードが到達した虹の滝から、距離にしてわずか一キロに満たない下流にあった。だが上からのびてくる支尾根がちょうど壁となり、虹の滝からは見えないところにあったのだ。

ブリーシヤーズらによる発見、チベット仏教の伝説、いくつかの証拠が、ツアンポー峡谷にはまだ世界に知られていない大滝があることを示していた。

そして米国人たちは翌年、この滝を目指して最後の探検に向かった。一九九八年のことだった。

一九九八年という年は、いくつもの大きな遠征隊がやってきた、ツアンポー峡谷の探検史を語る上で大きな動きのあった年だった。米国のカヌー隊の隊員のひとりが激流にのみ込まれ亡くなる痛ましい事故も起きた。

大学生の時に私が探検部の仲間とツアンポー峡谷を偵察に訪れたのも、奇遇にもこの年の夏のことだった。私たちはペイルンからザチュなどの村々を訪れ、初めて憧れだったツアンポー峡谷の姿を目の当たりにした。それから日本に戻り、私が探検部の部室で幻の滝を発見する自分の姿を妄想していた頃、イアン・ベイカーら米国の探検家は現実にその滝があることをつき止め、地図の上で場所を特定し、測量器具を携えて、万全の準備で最後の確認に向かおうとしていた。私がこれから始めようとしていた探検は、まさに他の人たちの手により片づけられようとしていたのである。

だが滝の伝説に終止符を打つ作業にかかろうとしていた時、実はイアン・ベイカーの隊にとって気がかりとなるような出来事が起きていた。中国科学院と中国科学探険協会が過去に例のない大規模な探検隊を組織し、まもなくツアンポー峡谷に向かうという噂は彼の耳にも届いていた。カトマンズを出発する三日前、中国隊がツアンポー峡谷の空白部に入り込み、今世紀で最も重要な探検を成し遂げるつもりだと話しているのを、BBCの海外向けラジオ放送で聴いていたし、チベットに入ってからも彼らの動向は次々と地元住民の口から伝わってきた。それらの情報によると、中国隊は峡谷の最も奥深くに「九五フィートの滝」があることをすでに知っており、彼らもそれを「発見」するつもりでいるという。中国隊の狙いはイアン・ベイカーのそれとぴったり重なっていた。《中国隊が同じ目的を持っているということが分かってきて、私たちの心は強く揺さぶられた。うかつにもそのレースに参戦し、「空白部に先に近づき」、その奥にある滝を記録しようとしている自分たちに気がついた》（『世界の中心』）

イアン・ベイカーらは急いでペイルンからザチュに行き、ツアンポー川を丸一日下ったところにあるアシデンの村に向かった。この村から西に向かってツォデム・ラという峠を越えると空白の五マイルに下りることができる。荒れた急斜面やシャクナゲに覆われた崖を下ると、はるか下にキングドン＝ウォードが見つけた虹の滝が見えた。川まではまだ標高差にして三〇〇メートルほどあったが、彼らはその場所から測量器具で虹の滝の高さを測ってみた。すると、キングドン＝ウォードが一二メートルと推測したその滝は、実際には二二メートルもあった。虹の滝はそれまで考えられていたよりも大きな滝だったのだ。

だがその時、イアン・ベイカーにとってさらに重要だったことは、虹の滝よりその下流にある未知の滝のほうがもっと大きいと、モンパ族たちが話していることだった。《四分の一マイルほど下流で姿を隠している滝が、もしもっと大きいものであれば》と彼は想像した。《ツアンポーの伝説の滝は結局、そのもともとの前評判のままで生き残っていたことになる》（前掲書）

彼らは再びジャングルの中に身を投げ入れ、その未知の滝を目指して斜面を下った。川の音がだんだんと大きくなり耳の奥まで響いてきた。険しい斜面をヤブこぎして進んで行くと、突然小さな台地に飛び出した。上流には虹の滝が真正面から見渡せ、対岸には灰色の巨大な岩壁が噴き上がる霧の向こうに透けて見えた。そして霧の下には、まだ世界に知られていない未知の滝があった。

彼らは翌朝、その滝の調査にとりかかった。滝は川が細かく屈曲する部分にあるため、足元の岩壁を下らなければ全体を見ることはできなかった。ロープで下り、せまい峡谷の中に入り込むと、岩の裂け目から川が巨大な水の塊となって落ちていた。素晴らしい、と隊員たちは思わずうなった。カイラスから流れてエベレストを通って……、そのすべてのエネルギーがここにある！

測量してみると、滝の高さは三二メートルから三五メートルもあった。滝の大きさ自体はナイアガラの滝やビクトリア滝に及ぶべくもなかったが、しかし、その値には彼らにとっては喜ばしいといえる、ある大きな意味があった。キングドン＝ウォードはツアンポーの大滝の条件として一〇〇フィート、つまり約三〇メートルという高さをひとつの基準にあげていたが、目の前の滝はその基準を満たしていたのだ。

イアン・ベイカーは日記にこう書き残した。《一〇〇年以上の探検の歴史を持つツアンポーの大滝が、伝説ではなく現実であることが私たちの測量により事実として確認された。（中略）幻とされてきた説が今日、復活したのだ》（『シャングリ・ラの攻防』）

ナショナル・ジオグラフィック協会のサイトにイアン・ベイカーらの探検の記事が掲載されてから二〇日ほど経った一九九九年一月二九日、中国の英字新聞チャイナ・デイリー紙が《中国の探検隊が滝に初めて到達》という記事をでかでかと載せた。記事は幻の滝へ先に到達したイアン・ベイカーらの探検に対する反論であり、滝を発見したのは自分たちであることを主張する内容だった。

4

米国のナショナル・ジオグラフィック協会は一月八日、四人の米国人、イアン・ベイカー、ハミッド・サーダー、ケン・ストーム・ジュニア、ブライアン・ハーベイが、彼らがツアンポー峡谷と呼ぶチベットの峡谷地帯の未探検区間で滝を発見したと報道した。ワシントン・ポスト紙は翌日、いわゆる幻の滝の写真と記事を掲載した。協会が資金提供した探検の結果を報告することにニュース価値はたしかにあるが、その区間は中国の探検家にとっては謎でもなんでもなかった。

「四人の米国人は滝の光景を見た最初の西洋人のグループではあるでしょう」と、中国科学院の地質学者で、今回の探検を組織した四人のうちのひとりである楊逸(ヤンイー)

疇はチャイナ・デイリーの取材に対して答えた。「しかし滝を最初に発見したのは私たち中国人です」

記事の中で楊は、かつて人民解放軍のヘリコプターに乗った中国人写真家が幻の滝の写真を撮っており、その写真家こそが地元の人以外で最初に滝を見つけた人間であると答えていた。楊は北京に戻ったこの写真家から写真を見せてもらっていたので、もともとこの滝がある確実な証拠を握っていたという。記事にはその写真家が撮影したという上空からの写真も掲載されていて、虹の滝と幻の滝がたしかに同じフレームの中に収まっていた。キャプションには撮影したのは一九八六年だと記されていた。

イアン・ベイカーと幻の滝への初到達レースを争った中国隊は、中国科学院と中国科学探険協会が共同で組織したもので、隊員数は総勢五九人という世界探検史上、特筆すべき大規模遠征隊だった。中国のツアンポー峡谷探検に対するやや肩肘張ったこの態度は、一九九〇年代に入って加速度的に進行した中国経済の発展と、それに伴う国威の発揚とおそらく無関係ではないだろう。中国の科学者や探検家たちは、ツアンポーこそが世界一の峡谷であることを証明することに血道をあげてきたのである。

楊逸疇は八回もツアンポー峡谷に足を運んだ、まさに中国におけるツアンポー探検のパイオニアである。彼らがツアンポーが世界一巨大な峡谷であることを発表したのは、一九九四年四月だった。この峡谷の名前は、それまで中国人民にはそれほど知られていなかったが、この成果で一気に国内に知れ渡った。中国の科学者の間には常に、世界一として知られる米国のグランドキャニオンのことが頭にあり、楊は二回、コロラド川を旅行してその規模と特徴を自分の目で確認していた。そして米国隊と「レース」になった一九九八年の大規模探検の成果により、中国国家当局もツアンポー峡谷が世界一であることを認定し、それを世界に向けて発表した。

世界最大はチベットの大峡谷／グランドキャニオンやぶる
【北京26日＝中国総局】二十六日の新華社電によると、中国国家測量製図局は同日、チベット東部にあるヤルツァンポ大峡谷で昨年実施した測量結果を発表し、同大峡谷は全長五百四・六キロ、平均深度二千二百六十八メートル、最も深いところが六千九メートルあったと明らかにした。同夜の中国中央テレビは「同大峡谷の規模が、これまで世界最大とされてきた米国のグランドキャニオンよりも長さで百三十四・六キロ、最大地点での深度で二千八百九メートル上回る」と伝えた。（「朝日新聞」一九九九年二月二七日付）

一連の探検により中国の科学者たちは見事にツアンポー峡谷を数値化することに成功

した。最大深度六〇〇九メートル、全長五〇四・六キロ、平均流量毎秒四四二五立方メートル……。これらの驚きの数字は、いずれもツアンポー峡谷があらゆる面で世界一であることを示しており、それまで当たり前とされてきた世界地理の常識を一変させるための、ある種の政治的なキャンペーンに使われた。彼らによると、世界最大の峡谷はツアンポー峡谷で、第二位はネパールのカリガンダキ峡谷、第三位はペルーのコルカ峡谷で、グランドキャニオンのような小さな谷は一〇本の指の中にも入らないというわけだ。探検の結果を詳しく報じた中国国家地理雑誌「地理知識」（一九九九年四月号）は、「世界三大峡谷はヤル・ツアンポーに及ばず」との記事を掲載している。

これまでグランドキャニオンは真の競争相手に出会わなかった。しかし一九九四年に中国の学者が世界にツアンポー峡谷を紹介するや状況は一変した。ツアンポー峡谷は認知度が低く、観光客はほとんどいなかったが、長さ、最大深度、平均深度、川の流量、河谷の形態、川幅などすべての面でグランドキャニオンを超えていた。

それだけに幻の滝への到達レースで、グランドキャニオンの国からやって来た探検家たちに先を越されたことは、中国の科学者たちにとっては鼻もちならない出来事だったようだ。チャイナ・デイリーの中で楊は《米国の冒険家たちは二つある滝のうちのひとつを「幻の滝」と呼んでいるが、私たちはこの滝に「ツアンポー・バタン第一の滝」(筆者註：第二の滝の誤り)という名前をつけている》と反論した。またマイケル・マクレーの『シャングリ・ラの攻防』によると、楊は別のインタビューの中で《米国人たちが私たちの峡谷をのぞき見したことは違法である。彼らは私たちの大事なものを盗んだのだ》と話していたという。

二一世紀の覇権を争うであろう両国の確執を恐ろしくスケールダウンしたようなこの言い争いは、永遠に決着がつかない水掛け論に終わるに決まっていた。それよりも見逃せないのは、この時の探検に関する中国側の主張の中に、意図的と思われても仕方がない、いくつかの初歩的な誤りが見られることだ。中国隊はこの探検の中で滝を四つ発見したと発表し、それぞれに名前をつけているが、その四つの滝はいずれも世界に知られていなかった滝だと主張しているのだ。

だがこの主張には少々無理がある。イアン・ベイカーと争った幻の滝を、中国人と米国人のどちらが先に「発見」したかという議論は置いておくとしても、中国人が見つけたという四つの滝のうちの二つは、キングドン＝ウォードが七四年前に到達していた滝であることに疑いの余地はないからだ。彼らが「バタン第一の滝」と名づけた滝が虹の滝であることは、キングドン＝ウォードの本の写真を見れば明らかだし、また「ロンザ滝」という滝も、彼が最後に到達しブラマプトラの滝と名付けた滝であることに間違いはない。

おそらくこの矛盾を解決するためなのだろうが、中国隊は探検の発表の中でさらに苦しい説明を繰り返している。キングドン＝ウォードが発見したという虹の滝は、探検の途中で立ち寄ってみたが、すでに存在していなかったというのだ。チャイナ・デイリーは次のように報じている。


中国の探検家たちは昨年の遠征で、キングドン＝ウォードが滝を発見したと描写した場所に到達したが、そこには何も見つからなかった。

楊は「虹の滝は一九五〇年八月一五日に起きたマグニチュード八・五の大地震で崩壊してしまったと私たちは考えています」と話した。


この地震は約一〇〇〇人が死亡し、約二〇〇〇戸の家屋が崩壊したといわれるアッサム大地震のことである。だが、虹の滝はこの地震で楊が言うようには崩壊せず、キングドン＝ウォードが目にしたのと同じ場所に今も存在している。それは私も自分の目で確認したし、今、キーボードをたたいているパソコンの中にも、その写真はしっかりと保存されている。

皮肉なことに当のキングドン＝ウォードは妻のジーンとアッサムを旅行している最中

に、この大地震に遭遇し、その様子を当時のナショナル・ジオグラフィック誌に寄稿している。《人里離れた山あいの夜の静けさを破った不吉な低音は、やがて耳をつんざく轟音に変わった。あたかも宇宙を支えていた要石(かなめいし)が抜け落ちて、天空ががらがらと崩れてきたかのようだった》(「ナショナル・ジオグラフィック」一九五二年三月号「アッサム－チベット地震に遭遇して」『大冒険時代』所収)

増水した川を渡り、崩壊した山道を乗り越え、キングドン＝ウォードはこの時、なんとかアッサムの平原に逃げ込んで一命を取り留めた。しかし、まさかその四八年後に、自分の生涯で最大の地理的発見が、この地震のせいでなくなったことにされようとは思いもよらなかったに違いない。

一九九〇年代に入ってから始まったツアンポー峡谷の探検は、いずれもキングドン＝ウォードがたどり着けなかった場所を目指しておこなわれた、いわば一九二四年を巡る旅だったといえる。

イアン・ベイカーらがザチュの上流にあるブラマプトラの滝を目指していた時、あるモンパ族の案内人が突然、「あそこを見ろ」と叫んだことがあったという。「おれのじいさんは何年も昔、二人の『イングリス』をあそこまで連れていったんだ」

二人の「イングリス」とは、もちろんキングドン＝ウォードと彼の相棒のコーダー卿のことだった。滝を探しに来た二人のイギリス人の物語は、外国の探検家にとってだけではなく、地元のモンパ族にとってもひとつの伝説となっていたのである。

この時イアン・ベイカーと一緒だった隊員のひとりはこの案内人の話を聞いて、思わずこんなロマンチックな気分にひたったという。《今、私は、薄暗い中をだらだらと下るこの退屈な仕事から抜け出し、何年もの歳月を飛び越えていた。あの丘の霧の向こうから、フランクとコーダーとポーターたちの長い列が現れるような、ほとんどそんな気がしていた》（ケネス・コックス編『フランク・キングドン＝ウォードのツアンポー峡谷の謎』）

キングドン＝ウォードの探検がなければ、ツアンポー峡谷の伝説は現代まで残っていなかっただろう。今日の探検家は、昔の伝説の舞台に現代的な意義を見いだすことができず、探検家にすらなっていなかったかもしれない。一九二四年に彼が成し遂げたことは、七〇年後にツアンポー峡谷を訪れた探検家たちの心を確実にとらえていた。

一九九八年の探検でイアン・ベイカーの隊が幻の滝に到達した時、キングドン＝ウォードの妻ジーンはまだ健在だった。キングドン＝ウォードが六二歳でジーンと再婚した時、彼女はまだ二〇代の看護婦だったのだ。

探検が終わった後、イアン・ベイカーの仲間のひとりが、その報告のため彼女に電話をかけたという。幻の滝を見つけましたよ。彼は受話器の向こうにいる彼女にそう伝えたのだ。すると、それを聞いたジーンは、こう言って喜んだという。

「うれしいわ。フランクがあなたたちのために、まだ発見できる何かを残しておいたのよ」

第六章　シャングリ・ラ——二〇〇三年一月　幻の滝

1

二〇〇三年一月九日、私とジェヤン、ダンドゥップの三人が幻の滝に到着した時、滝を見下ろす小さな台地の木々の間には、タルチョが所せましと張り巡らされていた。タルチョは仏法が風にのり世界に広まるようにとの祈りが込められたものだ。しかし私の目の前にあるタルチョは、イアン・ベイカーの隊が外国人として世界で初めてここにやって来た時に張られたものらしく、自分たちが先に到着したことを中国隊に見せつけるための勝利の証（あかし）としての役割も果たした。

この滝を巡り米国隊と中国隊が初到達競争を繰り広げた結果、「米国人たちはもう二度とこの大峡谷に来ることができなくなった」とジェヤンは私に語った。たしかに幻の滝に先に到達したのは米国隊だった。彼らは事前に滝の場所を地図で把握しており、それを頼りにアシデンの村から滝までを往復した。中国隊がアシデンから滝に向かったのはその後だった。そう彼は話した後、しかし……と続けた。「米国人たちは許可証を持っていなかった。滝の発見で先を越された中国隊は衛星電話で八一(バーイー)の公安に連絡した。ペイルンに到着した米国人たちは、フィルムを靴の中に隠して切り抜けようとしたけど、結局公安に捕まりフィルムは没収された。だから彼らはもうここに来ることはできないんだ」

ジェヤンが教えてくれたこの興味深い後日談は、たぶんかなり脚色され、相当長い尾ひれがついているはずだ。というのもイアン・ベイカーらはこの探検の後、幻の滝をはじめとするいくつかの決定的な写真を発表していたからだ（後日イアン・ベイカーに確かめたところ、彼はこの時の遠征では完璧な許可があり、写真を没収されたり逮捕されたりした事実はないと答えている。「私たちのほうが先に滝に到達したので、中国の科学探検隊の側にはかなりの嫉妬(しっと)があったようだ。たぶんそれが、そうした話が語られることになった理由だろう」）。それでも事実として、米国人と中国人の間に起きたこの探検レースが、面白おかしく地元のモンパ族の間で語り継がれていることだけは、たしかであるらしかった。

ツアンポー川の対岸には、地元の村人からドルジェパグモと呼ばれる岩壁が要塞のようにそそり立っていた。この岩壁が巨大な音響装置となり、滝から響く轟音が絶えず私たちの鼓膜をふるわせていた。上流の虹の滝のほうを見渡すと、その右岸はかなり険しい岩壁になっており、そこに刻まれた何本かの岩溝には水流が細い滝となって流れ落ちていた。一九二四年にフランク・キングドン＝ウォードとコーダー卿は、その岩壁のどこかを、灌木をつかみながら強引に登ってツアンポー峡谷から脱出した。しかし、はたしてそれは本当だったのだろうかと疑ってしまうほど、彼らが登ったという岩壁は大きくて険しく見えた。

私たちは幻の滝が見える位置まで移動し、ジェヤンとダンドゥップのスナップ写真を撮影した。すでにあることが分かっているこの滝に、私はそれほど強い思い入れはなかった。それでも滝の全体が分かる写真だけは撮っておこうと思い、全体を見渡せる位置を探すためロープで足元の岩壁を下った。だが手前の岩にどうしても視界をさえぎられてしまう。滝は川が細かく屈曲している位置にあるため、どこから見ても一部が隠れてしまうのだ。滝の下までおりればかなりの部分をファインダーに収めることができそうだが、私が持ってきた三五メートルのロープでは少し長さが足りなかった。結局、下までおりることはあきらめ、私たちは前日泊まったキャンプ地に折り返した。

ヤブの中を登る途中、ジェヤンが眼下に見える幻の滝を指差しながら、「おれたちはこの滝と虹の滝を合わせてターモルン滝と呼んでいる」と言った。当然のことだが、滝には地元の人たちから呼び習わされてきた名前があった。エベレストにチョモランマというチベット名があるように、この滝にも米国人が思い入れたっぷりに名付けた「ヒドゥン・フォール・オブ・ドルジェパグモ」でも、中国人たちが無機質に命名した「蔵布巴東瀑布群」でもない、「ターモルン滝」という美しい名前があったのだ。

ツォデム・ラの手前にあるキャンプに戻ると、翌日、私は彼らと別れ、単独で幻の滝の下流部を探検することにした。ジェヤンには一週間経ったらアシデンに帰るので待っているようにと伝えた。峠が雪で覆われてしまうので、大峡谷に行くのはやめてもう帰ったほうがいい。ジェヤンは何度もそう言ったが、私はもともと約束していたはずだと言って彼を納得させた。

幻の滝から下流部は詳しい記録や写真がなく、イアン・ベイカーが一九九八年に探検した後にも残された、空白の五マイルの中の最後の空白といえた。そこからこの旅で最初に敗退した「門」に向かって川沿いを探検していけば、その最後の空白を埋めることができるだろう。そしてまだ完全に探検されていないこの部分に、ひょっとしたらまだ世の中に知られていない大滝が眠っているかもしれない。そんな期待もわずかながらあった。

キャンプを出発してから二時間で私たちはツォデム・ラに到着した。ジェヤンは気をつけろよと言い私と握手を交わすと、峠の向こうのアシデンの村に下りていった。ツォデム・ラは、ナムチャバルワの東にあるサンルン（七〇九五メートル）から、北に向かって長くのびる巨大な尾根の途中にある。この尾根はザチュのほうに張り出して、ツアンポー大屈曲部の頂点をかたちづくっている。ひとりになった私はツォデム・ラからこの尾根を北に向かって歩き、空白の五マイルへ下りられる場所を探した。尾根の上には雪が積もっており、幹の太い針葉樹の森が広がっていた。深い森のせいで周囲の景色がよく分からず現在位置を確かめるのに苦労したが、なんとか地図とコンパス（方位磁石）であたりをつけて空白の五マイルへ向かう支尾根を探し当てた。支尾根の上部はかなり傾斜が険しく、灌木も密生していたため下りるのに手間取ったが、途中でハイマツの中に獣道を見つけ、それを下った。途中で何カ所か猟師が仕掛けたわなが見つかった。このあたりまで来る猟師もいるようだった。

下っていくうちに支尾根は次第に険しさを増し、岩稜に変わった。尾根の上から左を見下ろすと幻の滝の下流部が見渡せた。ツアンポー川は険しい岩壁の間を急流となって流れており、増水であふれかえる巨大な用水路みたいになっていた。私がいたところからはるか下で、川はいったん北から南に鋭く向きを変え、再びすぐ北西方向に折れ曲がっている。このジグザグ部分は、対岸から川に切れ込む、刃物みたいに頂稜が尖った尾根によって形成されている。地図によると、このジグザグ部分で川は一番大きく落ち込んでいるため、滝の存在を最も想定できる場所であったが、それらしきものは見あたらず、川は一定の傾斜をもって激しく、まっすぐに流れ落ちているだけだった。

私が下りていた支尾根はさらに険しさを増し、両端がまっすぐに切れ落ちたナイフリッジに変わった。左右の沢に逃げ道を探しながら下りたが、ツアンポー川に下り着く前に日が暮れてしまった。なんとかテント一張り分のスペースをヤブの中に作り出し、そこで幕営したが、せますぎてたき火をおこすこともできなかった。

夜中、雪がテントの生地をばちばちと叩いているのに気がついた。目が覚めるとテントの周りにはかなりの量の雪が積もっていた。朝食をとってテントを出ると、私は支尾根を離れて右側の沢を下った。沢は思っていたより傾斜があったのでロープを何度も使ったが、それでも二時間ほどでツアンポー川のすぐ上まで下りることができた。

上流と下流を見渡してみたが滝のありそうな様子はなかった。五、六メートルの落ち込みがずっと先まで続いているだけである。川の両側は二〇メートルほどの垂直の岩壁が廊下状に延々と続いており、水際まで下りることはできない。やむなく岩壁の上の険しいヤブ斜面を、はうようにして下流に向かった。標高が高いところは地面が乾燥していたのに、川の近くまで下りると日当たりが悪いため地面も植生も湿っていて滑りやすい。人跡未踏の空白の五マイルに下り立ったといっても、私がやっていることといえば、延々と続く急斜面で苦行のようなヤブこぎをしているだけだった。なぜ過去に多くの探検家がこの場所を目指して挫折したのか私にはよく分かった。わざわざ苦労してこんな地の果てのような場所に来ても、楽しいことなど何ひとつないのだ。シャクナゲやマツの発するさわやかなはずの緑の香りが、これ以上ないほど不愉快だった。自然が人間にやさしいのは、遠くから離れて見た時だけに限られる。長期間その中に入り込んでみると、自然は情け容赦のない本質をさらけ出し、癒しやなごみ、一体感や快楽といった、多幸感とはほど遠いところにいることが分かる。

水の涸れた岩溝を何カ所か通過し、途中でなんとかテントが張れそうな、なだらかな場所を見つけたのでそこに泊まった。テントを張り、たき火をおこし、夕食を食べ終わると日が暮れた。テントに入り日記を書くとやることがなくなり、寝袋にもぐり込んだ。しかし夜はそれからが長かった。毎晩のことだが、眠ることなどほとんど考えられなかった。相変わらずダニが体中に群がり、寝袋の中で全身をかきむしらなければならなかった。ジェヤンの家に滞在中、ダニの咬傷はだいぶ治まったが、山に入ると再び全身が小さなぶつぶつに覆われ、私の体は爬虫類みたいに変わっていた。ダニは赤く、注意すればなんとか肉眼で見えるといった程度の大きさしかないので、その侵入を食い止めることはできない。テント、マット、ロープ、ハーケン……、その他にもザックの中にはあまり使うことのない装備がいろいろ入っていたが、どういうわけか虫除けスプレーだけは持ってきていなかった。

その他に親指の爪ぐらいある大きくて甲虫みたいに堅いマダニの仲間が、すねや腋の下、あるいは股間といった皮膚の敏感な部分にしばしば喰らいついた。思いっきり強くつまんで、全力で引き剝がすが、頭部が残ってしまうのか、マダニにやられた痕はかさぶたになり、かゆみが何カ月にもわたり残った。ダニの攻撃に加え、明日がどうなるのか分からないという不安も、睡眠を妨げる大きな原因だった。寝袋に包まれながら体中をかきまくり、ああ、そろそろ朝になるなあと睡眠をあきらめた頃、ようやく少し眠れる。そんな夜が続いた。

　翌日、高さ数メートルの竹ヤブと、革手袋の上からでも痛みがさしてくるイラクサの中を単調に進んでいると、険しい斜面から比較的ゆるやかなところに出た。対岸を見渡すと、峡谷の向こうにそびえる山から大きな沢が流れ込んでいた。その場所でツアンポー川は流れの向きを少し右に変えており、私は下流のほうを遠くまで見渡すことができた。だがその先には、うんざりするような光景が視界の届く限り続いていた。峡谷の様相はそれまでよりいっそう険しくなっており、垂直の岩壁にヤブが申し訳程度に生えているだけだった。いちいちロープを出さないと進めそうもない。そこを越えるのに、いったいどれほどの時間と根気が必要とされるのだろう。川の状態を確認することもできたが、相変わらず激流が続いているだけだった。滝など見つかりそうになかった。

　まさしく宗教的な努力が求められそうな厳しい光景を目の当たりにして、この先どうすべきか、正直私は躊躇した。滝などあるのだろうか。ほとんど見つかる可能性がないのに、こんなことを続けて意味があるのだろうか。正常な人間ならとうに浮かんでいたはずのそんな疑問が、ついに私の脳裏にもよぎり始めた。しかし進むしかない、そんな絶望的な気持ちになりながら、再びのろのろと歩みを進めた、その時だった。

私は何気なくツアンポー川のほうを再び見渡した。川は右に小さく屈曲した後、今度はすぐに左に向きを変えていた。川の両脇には相変わらず廊下状の岩壁が続き、その対岸の岩壁に刻まれた光景に、私の目はくぎ付けとなった。そして、おい、おいと、思わずひとり言をつぶやいていた。

私の視線の先には、巨大な洞穴がぽっかりと穴をあけていた。人跡未踏のツアンポー峡谷の真(ま)っ只中(ただなか)で、その黒い穴はそこだけ異次元空間のような非現実的な雰囲気を漂わせていた。世界の関心を引き込む、ブラックホールみたいな強い吸引力を感じさせた。しかも洞穴のある岩壁の上には、周りの険しい地形をあざ笑うかのように、平和でだだっ広い台地が開けており、その景観はあまりにも周囲の風景との連続性に欠けていた。

あれはベユルじゃないのだろうか、と私は思った。

幻の滝を発見したイアン・ベイカーがずっと探していた、チベット仏教の理想郷ベユル・ペマコとは、あれじゃないのだろうか……。

2

ジェームズ・ヒルトンが一九三三年に発表した小説『失われた地平線』は、インドのバスクールという架空の都市を出発した飛行機が、行方をくらましてしまう場面から始まる。

英国領事らを乗せた専用機は、情勢不安に陥ったバスクールからペシャーワルへと向かい飛び立った。しかし飛行中、乗客が針路がおかしいことに気づき操縦席をのぞいてみると、そこには顔見知りの操縦士ではなく、見ず知らずのアジア人が座っていた。どうやらハイジャックされたらしい。飛行機は予定の針路を大きく外れて東へ東へと向かい、チベットの奥地のどこかでついに胴体着陸する。領事が瀕死(ひんし)状態の操縦士のところに駆けつけると、その操縦士は死ぬ間際にこう言った。谷に沿って行くと、それほど遠くないところにラマ教の寺院があり、宿も食べ物もある。そしてそこはシャングリ・ラと呼ばれているのだと。

シャングリ・ラと聞けば、誰もが深い山中のどこかにある秘密の理想郷といったイメージを思い浮かべるだろう。桃源郷の代名詞であり、東洋のエキゾチシズムをかき立てる想像上のユートピア、である。ヒルトンは小説の中で、シャングリ・ラを標高八五〇〇メートルを超える山のふもとにあると描いている。土地は肥沃で、耕地にはさらさらと小川が流れ、様々な国の人が暮らし、みんな明るく、屈託がなく、礼儀正しく、犯罪とは無縁の場所だ。チベット奥地のどこかの山中であるにもかかわらず、古い陶磁器や様々な宝物、文学史上の名作やロンドン・タイムズの綴じ込みまでそろった図書館、音楽室、米国の有名メーカーのロゴが入ったバスタブなど、物質的な快適さも申し分なく整っている。それに何よりほとんど歳をとらなくてすむ。つまり人類最後の夢である不老長寿の恩恵にまで浴することができるというわけだ。

もちろんシャングリ・ラは地球の表面のどこかに実在しているわけではなく、ヒルトンが小説の中で作りだした想像の産物にすぎない。とはいえそれが一〇〇パーセント、彼の豊かな右脳が作りだしたまったくの作り話かというと、必ずしもそうとはいいきれない面もある。というのもヒルトンは、チベットに伝わる理想郷伝説をもとにシャングリ・ラを考え出したといわれているからだ。ヒルトンが参考にした可能性があるチベットの理想郷伝説は二つあり、ひとつは密教の経典に説かれている有名なシャンバラ国の伝説、そしてもうひとつがチベットやヒマラヤの山中の深い谷に封印されたという理想郷ベユルの言い伝えである。

ベユルとは隠された場所、秘密の場所といった意味で、八世紀にインドからチベットにやって来た偉大なヨガ行者パドマサンババが開き、封印したとされる聖地のことだ。

ベユルは例えば、ヒマラヤの八〇〇〇メートル峰カンチェンジュンガの氷河の下にもあるといわれているし、現在トレッカーが押し寄せるネパールのランタン谷の近くにもあるとされている。パドマサンババはチベットやヒマラヤの容易に近づきがたい天然の要害に、いくつものベユルを隠したといわれているのだ。とりわけペマコ、つまりツアンポー峡谷一帯のどこかにあるとされるベユル・ペマコは最高の聖地とされ、「最後の目的地」「中心」「最も危険な場所」といった言葉でその究極性が伝えられてきた。

パドマサンババは密教の経典や仏像、宝物などをチベットやネパール、インドの洞窟、岩穴、湖、寺院などに秘匿し、掘り出されないように加持して封印したという。古(いにしえ)の時代に封印されたこうした経典はテルマと呼ばれ、しかるべき時代に、しかもテルトンと呼ばれるしかるべき聖人が啓示を受けることによってのみ発掘されると伝えられてきた。理想郷ベユルの秘密も、パドマサンババはテルマというかたちで後世に伝えたといわれている。

イアン・ベイカーと何度かツアンポー峡谷を探検したハミッド・サーダー＝アフカミは、ネパールのカトマンズで発行されている「カイラス」というヒマラヤ専門誌に、「ペマコ　南東チベットの隠された土地」という論文を寄稿している（一八号、一九九六年）。彼はこの論文の中でチベット人によるベユル・ペマコの探検史を次のようにまとめている。

パドマサンババ（八世紀）のものと伝えられる古代の預言に従い、チベット人たちは人跡未踏の荒野のどこかに地上の楽園があると信じてきた。果物や自分で勝手に種をまく穀物に恵まれたその汚れなき王国は、仏教徒にとって暗黒の時代が訪れた時に聖域としての役割を果たすだろう。この預言を代々伝えてきたニンマ派やカギュ派のヨガ行者たちにとって、ブラマプトラ（筆者註：ツアンポー）峡谷へと向かう旅は、ほとんど強迫観念といってもいいものになっていた。攻撃的な部族、野獣、様々な熱帯性の疾病、そうしたものをものともせず、彼らは何度も何度もこの荒野に入り込み地上の楽園のドアを開けようとした。

チベット人たちが預言に従いベユル・ペマコを探し始めたのは一七世紀中頃、あるテルトンがこの理想郷に関するテルマを初めて発見してからのことだとされている。この秘密の王国に入った者は一〇〇〇年間の寿命を手に入れ、死にあたっては虹の光に体が包まれ、死後は再びこの汚れなき王国に生まれ変わるだろう。テルマにはそう書かれてあったという。

それ以来、チベット人によるベユル・ペマコ探検は四〇〇年以上にわたり続けられてきたが、その探索行はチベットがおかれた政治的な背景とまったく無関係というわけではない。ベユル・ペマコのテルマが初めて発見された一七世紀、チベットには現在まで続くダライ・ラマ政権が発足しており、ほとんど放棄したといってもいいほどの軍隊しか持たない特異な宗教国家となっていた。チベットはモンゴルや中国の武力の庇護に頼る一方、両国に対し宗教面で指導的な立場を保ち国を維持するという、きわどい外交政策をとっていた。しかし隣国の王朝が膨張し巨大化すると、その外交政策はあえなく破綻し、チベットの都ラサはなすすべもなく軍馬の蹂躙にさらされた。そうした被侵略的な時代的ムードが最高潮に達すると、チベット人たちは自分たちの宗教を滅亡の危機から救うため、伝説のベユル・ペマコを目指した。天然の要害に隠されたベユルはチベット仏教にとっての避難シェルターの役割を果たし、ブッダの教えを後世に残すことができるはずだと考えたのだ。

例えば一七一七年、ダライ・ラマ六世の廃位と後継をめぐるごたごたが生じていた頃、モンゴルのジュンガル部がライバルのホシュート部を打ち破り、ラサに侵入してきた。モンゴル人はダライ・ラマの住むポタラ宮から巨万の富を運びさり、中央チベットと西チベットを広く支配した。この時、預言を受け継いだひとりの僧がベユル・ペマコを目指したが、使命を果たすことができず、濃い森と湿地の中で病死したという。一八世紀後半には、「秘密の土地の三賢人」と呼ばれる三人の高僧がペマコを目指した。彼らは当時ブータンに住んでいたモンパ族にこの理想郷伝説を広め、モンパ族がツアンポー峡谷に移住するきっかけを作ったと伝えられるが、この時もチベットはネパールのグルカ族の侵略に苦しんでいた。一九四九年に中華人民共和国が成立し、チベットに武力侵攻した時も、多くのチベット人がベユル・ペマコを目指し、瘴気（しょうき）漂うツアンポー峡谷の密林に足を踏み入れた。その数は数千人にものぼるといわれている。

ベユル・ペマコの伝説はフレデリック・M・ベイリーやフランク・キングドン＝ウォードといった、過去の探検家の本の中にも詳しく紹介されている。一九一三年に探検したベイリーは、チベットに入る直前に滞在したアッサムのミピという村で、実際にこの理想郷を探してチベットから移住してきた人々と出会ったという。

チベット人の宗教が迫害された時、人々は《約束の地》といわれたペマコゥ(Pemakö)という国へ行く。ペマコゥはインドの国境にあって、安住の地であり、宗教は復活し、ついには全世界にあまねく伝わる、という。(中略)
ここミピで、われわれは偶然にも約束の地を捜し求める人たちに出会った。だが、彼らはそれを見つけることができなかった。ペマコゥの地理上の位置は定かでなかった。知られていることは、ディハンとロヒットとの分水嶺（ぶんすいれい）のどこかに、ガラスの聖なる山があり、この聖なる山の周囲に肥沃な谷があるということだけだった。

ベイリーやキングドン＝ウォードの本、それにかなりマニアックな英文のチベットのガイド本などを読むことで、私の頭の中にはこの伝説の基本的なあらましは入っていた。米国のロマンチストたちがこの伝説の理想郷のありかを求め、執拗にツアンポー峡谷に入り込み、その過程で幻の滝を見つけたことも知っていた。

だが基本的にリアリストである私は、池には乳がわき、木には肉がぶら下がり、穀物は勝手に自生し、ほとんど歳をとらなくてもすむというこの伝説の地が、現実的な存在として自分の目の前に姿を現すかもしれないなどとは、正直いってつゆほども考えていなかった。たとえ伝説を形づくるそうした諸要素が何かのメタファーだとしても、実際に存在することをにおわす程度の痕跡すら、事前の想定には入っていなかった。宗教的な伝説の地は信仰者の内面にこそ存在するものであり、必ずしも山野に実在する必要はあるまい。簡単に言うと、私はベユル・ペマコの伝説をある程度知ってはいたが、それほど深くは考えていなかった。

しかしその時、川の向こうの岩壁に突如現れた巨大な洞穴には、そうした二一世紀的日本人の常識をくつがえすだけの迫力が十分に備わっていた。目の前に広がる奇妙な風景を見た瞬間、それは私の頭の中で、ベユル・ペマコの伝説と都合よく直結した。

3

洞穴があるのは普通の場所ではなかった。洞穴は川の側壁をくりぬくようにできていたので、その上に広がる台地に誰かが来ても、その姿を確認することはできない。私が立っていた対岸からでないと見ることができない、巧妙な位置に存在していたのだ。そして私がいるその場所とは、過去の探検家はおろか、地元の猟師でさえほとんど入り込むことのない空白の五マイルのまさに最深部だった。

洞穴はちょっとしたコンサートホールくらいの広さはありそうだった。それにしても川沿いの岩壁に、あのような巨大な洞穴が自然の力で形成されるものなのだろうか。洞穴は川が屈曲している部分にあったが、不思議だったのはそれが水流の影響を受ける流れの外側ではなく、水の力とは関係なさそうな内側に存在していることだった。

洞穴とその上の台地を見つけた時、私はそれがベユル・ペマコの伝説のもとになった場所に違いないと思い込んだので、自分がそのようなものを発見したことに我ながら驚いてしまった。この不思議な洞穴を目の当たりにして、そのまま素通りできるほど私はのんき気な人間ではない。見つけた瞬間から洞穴を目指そうと決めるまでに、それほど長い時間はかからなかった。ただ問題は、どうやってそこまでたどり着くかだった。洞穴は私の目と鼻の先、距離にしたらおそらく二〇〇メートルぐらいしか離れていなかったが、その間にはツアンポー川が絶望的な激流となって横たわっている。もちろん川を越えることなどできないので、洞穴にたどり着くには一度川を離れてザチュのほうに戻り、対岸を川沿いに目指すしか方法はない。

ジェヤンとの会話を通じ、彼の村からキングドン＝ウォードが昔、到達したブラマプトラの滝に行くことは、さして難しいことではないことは分かっていた。地形図から判断すると、ブラマプトラの滝から洞穴のある台地に行くこともまた決して不可能ではなさそうだ。そしてもし、そのルートで洞穴にたどり着くことができれば、私は空白の五マイルのほとんどを踏査することになる。

伝説の地理的空白部を踏査し、謎の洞穴に至る――。

それは今度の旅のフィナーレとしてふさわしいもののように思えた。

私は洞穴の見える対岸にテントを張り、翌日、ジェヤンとダンドゥップの待つアシデン村を目指して小さな尾根を登り始めた。尾根の途中から対岸を見下ろすと、対岸の台地のところどころに幾つかの黒い点があるのが見えた。あれも洞穴だろうか。ひょっとしたらかなり大きな規模の洞穴群がそこには存在しているのかもしれない。すごい発見ではないか。

私はやや興奮しながら尾根を登り続けた。

洞穴の見えた場所から、ツォデム・ラのある大きな尾根に戻るのに二日かかった。それからアシデンに戻り、ジェヤンと合流した後、彼の住む村に帰った。久しぶりに彼の家でくつろぎながら、私たちは洞穴を目指す次の探検計画について話し合った。

「ツアンポー峡谷の真ん中に大きな洞穴を見つけたんだ。その洞穴のことは何か知らないか」

「そんなところに洞穴があるなんて聞いたことがない」と彼は首を振った。「ザチュやユメの村の近くに大きな洞穴があるのは知っているけど」

私は地図を見せながら、洞穴のあった場所をジェヤンに説明した。お互い片言の中国語と身ぶり手ぶりでなんとか意思疎通していたので、言いたいことを伝えきれないもどかしさがつのった。

「洞穴の上はすごく広い台地になっていて、洞穴は川のすぐ脇にある」

「そこはたぶんホクドルンと呼ばれる場所じゃないかな」と彼は言った。「小さい頃、親父(おやじ)に連れられて行ったことがある。でもどうやって行ったのか、あまり覚えていないなあ」

ホクドルン――。なんとなくその名前は、伝説の理想郷がある場所にふさわしいように私には思えた。

「ホクドルンまで行って、洞穴の中を調べてみようと思う」と私は言った。「行けるところまで案内してくれないか」

私は理想郷伝説についてもジェヤンに訊いた。

「あの洞穴はベユル・ペマコじゃないのか」

だが彼はキョトンとした表情を浮かべるだけだった。ペ、マ、コ……。それは初めて聞く言葉だがいったい何のことだ。ペマコ、ベユルと何度質問しても、彼のそんな表情は変わらなかった。私の発音が悪かったのかもしれない（私のこの探検から一年後に出版されたイアン・ベイカーの『世界の中心』には、バユー村に住むカンパ族がホクドルンの洞穴について話している場面がえがかれている。その村人はイアン・ベイカーの隊員に、シャチ・ラという峠からホクドルンの洞穴が見える場所に下りられると話したという。私が行った時、バユーにはすでに人は住んでいなかったが、彼らの間ではこの洞穴の存在は知られていたようだ）。

「どうやったらホクドルンに行けるんだ」と私はジェヤンにたずねた。

「ここから二日でメンドゥン滝に行くことができる」と彼は言った。「そこから先に道はないけど、二日ほど川沿いを歩けばダトゥン・ルンバという谷にたどり着く。おれが知っているのはそこまでだ。上流のほうには、川沿いを歩いて行けそうな感じだったと思う」

メンドゥン滝というのは一九二四年にキングドン＝ウォードが到達したブラマプトラの滝のことで、地元の人たちの間ではそう呼ばれていた。ジェヤンの話をもとに計算すると、彼の村からメンドゥン滝まで二日、そこからダトゥン・ルンバまでさらに二日、洞穴のあるホクドルンまで多めに見積もってさらに五日。ジェヤンが賃金を引き上げるために日数を大げさに見積もっていることは十分あり得たが、一応片道九日、往復で二週間以上は考えておく必要がありそうだ。

「ダトゥン・ルンバまで一緒に来てくれないか。道を知っているんだろう。そこからホクドルンまではひとりで行ってくる。帰ってくるまで一〇日くらいかかるかもしれないけど、それまでダトゥン・ルンバで待っていてくれ」

彼は少し考えた後、「ダンドゥップと一緒でなければ行かない」と言った。

「なんでだよ。別におれと二人でも大丈夫だろう」

「山の中でひとりで一〇日間も待つなんて、そんなの無理だ」

この際、一族で稼げるだけ稼いでおこうという計算もあったのだろう。残りの資金を計算すると、私にはもう二人を二週間以上雇うだけのカネは残っていなかった。当初の計画では村人をそれほど雇うことは想定していなかったので、現金をあまり準備していなかったのだ。それに日本に連絡しなければならない日時も迫っていた。このままホクドルンに行けば、日本で連絡役をお願いした友人は私が遭難したとみなし、中国の関係当局に連絡を入れてしまうかもしれない。

さんざん迷った挙句、私は一度ラサに戻ることにした。

ラサにはジェヤンも一緒に連れていった。彼の住む村からペイルンに戻った時、自分も一緒にラサに行きたいと彼が言ったからだった。来た時と違い車をチャーターするわけではないので交通費はそれほどかからないし、彼と一緒のほうが警察の検問があった時にうまくごまかしてくれるかもしれない。それに彼の家にはずいぶんと居候していたので、そのお返しにラサ観光をプレゼントするのも悪くはないと思ったのだ。

自分の村にいる時のジェヤンは態度も大きく、村の青年たちのリーダー格のような存在感があったが、ラサに到着するとなぜか子猫のように肩をすぼめ、すっかりらしさを失った。頭が痛い、高山病だ。そう言って彼は右手で額のあたりを押さえたが、それが照れ隠しであるのは明らかだった。村から外にほとんど出たことがなかった彼は、都会の雰囲気に完全にのみ込まれ、萎縮(いしゅく)してしまっていたのである。ラサに来たのは一四歳の時以来だよ、と彼は言った。

だがポーター代を支払った途端、ジェヤンは私が思いもしなかった大胆な行動に出た。給料のほとんどをつぎ込み、必要としていた家財道具を一気に買いそろえたのだ。目玉は五〇センチ四方の小さなソーラーパネルだった。彼の村にはもちろん電気は通っておらず、家にソーラーパネルをつけている家は一、二軒しかなかった。ソーラーパネルにはラジカセもついていて、チベット民謡が聴けるカセットテープも何本か一緒に購入した。そのほかに布団、家族のための衣服、食用油三〇リットル、圧力鍋、やかん、洗面器、中国製の大きな魔法瓶、子供たちに与えるアメ数百個など、彼は買えるだけのものをすべて買いそろえた。私は彼からのたってのお願いで、それまでの賃金に加え、これからホクドルンに向かう分も前払いした。ジェヤンはまだ仕事をしてもいないのに、そのほとんどをつぎ込んでしまったらしく、もう一〇〇元しか残っていないよと言って笑った。そのおかげで私たちは夜逃げ家族みたいに、四輪駆動車を雇って大量の荷物を彼の家まで運ぶ羽目になった。ペイルンに着くと、どうやって連絡したのか分からないが、彼の親戚一同が荷物を運ぶために待っており、体が隠れてしまうぐらいの大量の家財道具を背負ってみんなで村に戻ったのである。

一月二七日、私とジェヤン、ダンドゥップの三人はホクドルンを目指して村を出発した。前日には豚を一頭殺し、かなりの量の肉を食料として持っていった。近くの村で一泊した後、私たちはヤブに覆われた不明瞭な踏み跡をたどった。ネーチ・ルンバという谷を越え、雪の積もった峠に登り、ツアンポー川を目指して斜面を下った。最初に目指していたメンドゥン滝は、私がこの旅で最初に突破できなかった「門」の一・五キロほど上流にあった。

さらに途中の岩室で一泊し、メンドゥン滝には二九日の夕方に到着した。灰色の水が巨大な音とともになめらかな岩の上を豪快に滑り落ちている。目の前で見ると水量が多く迫力のある滝だったが、高さは十数メートルという感じで、それほど大きくはなかった。滝の下流にある「門」のほうをのぞいてみたが、川沿いの崖はやはり非常に険しく、強い信念のようなものがないと突破できそうになかった。このツアンポー峡谷の最狭部を完全に突破するには、それだけを目的にしたチームを組まないと無理だろう。

翌朝、私たちは上流に向かって出発することにした。雨の中を一日歩くとダトゥン・ルンバの谷に着き、私はジェヤンとダンドゥップと別れ、ひとりでホクドルンを目指すことにした。谷の手前に岩室があり、二人はそこに泊まって私の帰りを待つことになった。

4

再びひとり旅が始まると思うと、正直言って気が重かった。

二人は谷まで私のことを見送ってくれた。それまでうっすらと続いていた踏み跡はダトゥン・ルンバから先ですぐになくなり、憂鬱なヤブこぎがまた始まった。ここ数日の雨の影響か、山の斜面はぬかるんでいて歩きにくかった。途中で懸垂下降中、小型テレビくらいの落石が左肩を直撃し、あやうく死ぬところだった。二カ所で岩室が見つかったが、人が来た形跡は見つからなかった。ジェヤンが言うように、やはりここまでは地元の猟師もあまり来ることはないらしい。

しばらくすると斜面がゆるくなってきたので川に向かって下り始めた。その時、上流のほうに思わぬものを見つけた。滝があったのだ。ヤブの間から切れ切れであるが、たしかに数百メートル向こうに滝が見えた。こんなところに滝があるなんて、ジェヤンからは一言も聞いていないし、過去の探検隊の記録でも読んでいなかった。私はその姿をちらちらと確認しながら慎重に斜面を下りた。大きさはどれくらいあるのだろう。日本での山登りと比べて川のスケールがはるかに大きいので、滝の高さがどのくらいあるのか判断するのは難しかった。

川岸に下り立った時には、すでに夕方五時くらいになっていた。なるべく滝に近づいて様子を眺めてみると、その滝は二段に分かれ、一段目と二段目では流れの向きを少し変えていた。自分がいる場所からはどうしても下の段しか見えず、上の段がよく分からない。記憶の中にあるメンドゥン滝と比較すると下の段だけで高さ七、八メートルほどありそうだ。翌日もう少し先に進み、なんとか滝の全貌が見える位置までやって来た。だが、私のいた左岸側は崖が切り立っており、滝の三〇メートルから四〇メートル上からしかその姿を確かめることができなかった。

大きさは二段で一五メートルほどだろうか。たいした滝ではなかったが、それでも滝は滝だ。そう思うと少し興奮した。ホクドルンの台地はこの滝の先にある。そして伝説の理想郷は滝の裏側にあるという。もしかするとこの滝は、ベユル・ペマコへと続く入り口を示しているのではないだろうか。

滝を過ぎて斜面をヤブこぎしていると、今度は妙に神聖な雰囲気の場所に飛び出した。密林の中に突然、広場のような平面が開け、その両側に約一〇〇メートルにわたって白い石灰岩の岩壁が屏風（びょうぶ）のように連なっていたのだ。緑と白が織りなす美しい色彩のコントラストが、その場に神秘的な空気を作りだしており、私は思わず何か畏敬の念のようなものを呼び起こされた。タルチョはない、踏み跡もない、ここにはほとんど誰も来ないらしい。いよいよ自分は本当にツアンポー峡谷の神聖な場所に入り込んでいるのかもしれない。そんな気分が高まってきた。

地図を見ると、翌日には目的地であるホクドルンにたどり着けそうなところまで来ていた。しかし地図は同時に、それが決して容易ではなさそうなこともまた示していた。ホクドルンの手前は巨大な岩壁帯となっており、そこを越えなければ先に進めそうもなかったのだ。だが地図を注意してよく見てみると、その岩壁帯の基部、川の水面すれすれのあたりは等高線の間隔が少しあいていた。つまりそこだけ傾斜がゆるいのである。地図に間違いがなければ、おそらくそこには通路のような岩棚が存在し、その岩棚はホクドルンの広大な台地まで続いているはずである。だが岩棚がもし存在しなければ、その岩壁帯を越えるのは非常に苦戦を強いられそうだ。岩棚があるのかないのか、それがこの旅の最後の成否を分けそうであった。

二月二日、この日は珍しく朝から晴れた。出発して尾根をひとつ越えると、峡谷はいっそう険しさを増した。ツアンポー川から数百メートルも上にいるのに、川は私の真下を流れていた。垂直の壁に生えているシャクナゲにしがみつきながら、私はじりじりとホクドルンを目指して進んだ。しばらく進むと傾斜がわずかにゆるくなったので、ロープが切れるのではないかと心配になるくらい懸垂下降を繰り返し、ツアンポー川に向かって下りていった。懸案だったホクドルンの手前の岩壁が、次第に上のほうからじわじわと見えてきた。

岩棚はあるのだろうか。答えを早く確かめたくて、急かされるように先に進んだ。視界をさえぎるシャクナゲのヤブがうっとうしい。そして岩壁の全容がこの目で確認できた時、思わず大声を出して叫んでいた。

岩棚はあった。しかもそれは、想像していた以上にしっかりとした幅の岩棚だった。その行き先を目でたどってみると、岩棚の向こうにはだだっ広いホクドルンの台地が広がっていた。岩棚はまさに、伝説の理想郷につながる秘密の通路であるように思われた。そしてホクドルンの台地の広がりは、それまでの険しい峡谷がうそみたいに現実離れした光景に見えた。それは台地というよりも大地と呼ぶべき広がりだった。

岩棚を伝って三時間、ついに私はホクドルンに到着した。地面は平らで、それまでの険しい峡谷からは考えられないほど歩きやすかった。たどり着いた先には不思議な光景が広がっていた。南米のギアナ高地にあるような、頂上が平らになったテーブル状の丘がいくつも突き出していて、その丘と丘の間にはグロテスクな黒い池が水をたたえていた。池のそばに行って水を手ですくってみると、その水は黒かった。なぜ黒いのかは分からなかった。高校で地学でも勉強しておくべきだったと思った。黒い池はほかでももうひとつ見つかった。対岸からホクドルンの台地を見下ろした時、私は黒い点のようなものをいくつか見つけ、それがいくつかある洞穴の入り口ではないかと考えたが、どうやらそれは間違いでこの黒い池がその正体だったようだ。

台地を流れる比較的大きな谷の脇にテントを張り、盛大なたき火で到着を祝った。ホクドルンに着いたことで、私は空白の五マイルのほぼ全域を踏査することに成功したのである。今や私はこの伝説的な空白部について世界で最も詳しい人間のひとりに違いなかった。ツアンポー峡谷の謎というパズルの最後の一ピースを、私はこの手でひそかに埋めたのだ。それにしても、ここは本当に伝説の理想郷なのだろうか。自分はそれを確認しなければならない。明日は目の前に残された最後の謎を確かめよう。あの水際の岩壁に刻まれた洞穴の中を探検するのだ。洞穴には何かあるのだろうか、それとも何もないのだろうか。

翌朝、ロープやいざという時のための登攀道具、若干の食料など必要なものだけをザックに詰め込み、私は洞穴を目指した。台地の上からいくら見下ろしても、川沿いの岩壁にくりぬかれた洞穴がどこにあるのかは分からない。しかし私は対岸から眺めた時、洞穴の位置を頭の中にたたき込んでいた。台地を流れる沢と本流の合流点のすぐ脇に、あの洞穴はあるはずなのだ。

あたりは草しか生えていないのに、洞穴があるはずの場所の上には直径一〇センチほどの灌木が都合よく生えていた。私はその灌木にロープをかけて、ツアンポー川に向けて放り投げた。垂れ下がったロープに専用の下降器具をつけて体を預けると、ロープは少しきしみ音をたてながら、私を洞穴へといざなった。

ロープに体を預け、私はゆっくりと下りていった。灌木の太さは十分だが、ロープの芯のほうから聞こえてくる、ミシリ……という音が、強度に少し不安があることを伝えていた。長期間の探検で乱用した結果、店頭で表示されていた実験済みの強度が、すでにこのロープにないことは明らかだった。

しばらく下りると体は完全に空中にぶら下がり、目の前に巨大な黒い空間がぽっかりと穴を開けた。洞穴は対岸から見た時よりはるかに大きなもので、巨大な建造物を上から下りているような感じがした。私は洞口の真ん中で宙ぶらりんになりながら、ロープを下りていった。予想以上の迫力に言葉を失いつつもゆっくりと地面に近づき、ほとんどロープが終わるのと同時に、ぎりぎり川原の大きな岩に下り立つことができた。ロープを体から離すと、伸びきっていたロープがその反動で上のほうに跳ね上がり、手が届かないところにいってしまった。おいおい、これじゃあ帰れないじゃないかと焦ったが、解決策は後から考えることにし、とりあえず洞穴の奥に踏み込んだ。

ロープの長さから推測すると、この洞穴の規模は開口部で高さ三〇メートル、幅一五メートルほどだった。洞口は川の水面から一〇メートルくらい上のところにあった。今は減水期なので、夏の増水期になると中まで水が入ってくるのかもしれない。底には普通の川原と同じように丸い石が転がっており、奥に進むに従ってだんだんと上のほうに傾斜していた。ワッ、と声を出してみると、当たり前だが暗闇の中でぼわんと声が響いた。ちょっとしたコンサートホールかカテドラルといった大きさで、ぎゅうぎゅう詰めにしたら五〇〇人くらいの人間が入れそうだった。後ろをふり返ると、青い色をしたツアンポー川が白波を立てながら流れている。三〇メートルほど奥に向かって歩くと、大きな岩が積み重なったような壁にぶつかり、洞穴はそこで行き止まりとなった。

ここがベユル・ペマコかもしれないという、そのことを示す痕跡は何かないものだろうか。例えばテルマとか……。

こんなところでこんな洞穴を見つけてしまったら、どんなに信心深くない人でも、そう思わずにはいられないだろう。状況はあまりにも伝説と符合しているように思われた。ツアンポー峡谷のほとんど誰も来られないど真ん中にそれはあり、かなりの数の人間が逃げ込めるだけのスペースを持った台地があり、瞑想に集中できる洞穴があり、さらさらと小川が流れている。なるほど乳のわく池や肉のなる木などは見つからなかったし、もしずっとここに暮らしてもその分だけ歳はとるだろう。だがホクドルンの台地は上流に幻の滝、下流には途中で見つかった名もなき滝と上下が滝にはさまれており、地理的な位置関係も伝説と符合しているように思えたのだ。もしここにベユル・ペマコの伝説を否定する材料があるとすれば、それはきっと私自身にほかならなかった。祖母が親鸞の熱心な門徒とはいえ、私自身はチベット仏教徒では決してないし、とても自分にテルトンの資格があるとは思えなかった。啓示を受けるような夢を見ることもなかったし、それどころかダニのかゆみのせいで夜はあまり眠れなかった。

洞穴の中でフィルム一本分の写真を撮った後、私は足元に転がった石をひっくり返したり、壁のすき間に手を突っ込んだりして、考古学的な痕跡が何かないか手当たり次第に探した。しかし結局それっぽいものは何も見つからなかった。残念ながら巻物のたぐいは出てこなかった。奥の壁に向かって開けゴマと言いたくなったが、シリアスな探検のラストの場面としてはふさわしくないような気がして、なんとかその衝動だけは押しとどめた。

岩や石のほかに見つかったのは大量のカモシカのフンだけだった。ロープもないのにカモシカはいったいどうやってここまで来たのだろう。そう疑問に思って周りを見渡すと、奥に向かって右側の側壁に幅五〇センチほどの細い岩棚が上のほうまで続いていた。この岩棚を伝っていくと洞穴の上に戻れるかもしれない。ロープに手が届かない今、私はひそかに絶体絶命のピンチに陥っていたのだ。岩棚を四つんばいになって進んでみると、目の前が次第に明るくなり、ついに洞穴の上の草むらに戻った。

このホクドルンの地がはたして本当にベユル・ペマコなのかどうかは、私には分からない。修行を積んだしかるべきヨガ行者が、この洞穴にこもり瞑想に励んだら、私たちには何かのメタファーにしか思えない乳のわく池や肉のなる木といったイメージが実線を伴った輪郭として想起され、真実の姿が見られるのかもしれない。可能性はある、と私は思った。例えばこの洞穴を大昔のロパ族やモンパ族の猟師が私のように対岸から時々見かけ、ツアンポー峡谷の奥地に巨大な洞穴があるという話が彼らの間に伝わり、それがベユルの伝説として肥大化したという推測は十分成り立つような気がした。シュリーマンが発掘したトロイアの遺跡のように、ベユル・ペマコが伝説だとしても、伝説を作りだす現実としての根拠があるに違いない。あるとすれば、自分が今いるホクドルンがそれにあたるのではないか。そう思ったのだ。

だが今考えると、ホクドルンの洞穴が何かを意味するのか、もしくは何も意味しないのか、そんなことはどうでもいいことだったのかもしれない。ひとりで旅をして、そこにそれを見つけた。それが何を意味するかは私自身の問題であり、脚色したり、意味づけしたり、社会性をもたせたりする必要などまったくなかった。あるのは、私はそこに行ったのだという事実だけであり、たしかなのは、私にとってホクドルンというところが特別な場所になったということだけだった。

第二部　脱出行

第一章　無許可旅行

1

テレビの中には暴徒と化した人々の姿が映っていた。路上では車両が炎上し、警察に石を投げている者もいれば、隊列を組んで町の商店のシャッターを蹴飛ばしている人たちもいた。

二〇〇八年三月一四日、チベットの中心都市ラサで大規模な暴動が発生したのだ。暴動は戒厳令が敷かれ一〇人以上が死亡した一九八九年以来の規模だと伝えられた。情報は錯綜(さくそう)し、中国政府はダライ・ラマ一四世が計画的、組織的に策動した十分な証拠があるという、従来通りの主張を繰り返し、ダライ・ラマは中国の弾圧的な統治に対するチベット人の憤りの表明だと述べた。

その年、中国はチベットに象徴される深刻な人権問題を抱えているにもかかわらず、平和の祭典・北京五輪を開催し、一流国として国際社会の中で責任ある地位を担えると示すことになっていた。そして暴動が発生した三月はダライ・ラマがインドに亡命してから五〇年目にあたっていた。暴動はチベット人が抗議の意思を示すには、この時をおいてほかにはなかった。暴動はチベット全土に波及し、多くの死者が出て、エベレストが登頂禁止になり、五輪の聖火リレーは武力に守られながら北京に運ばれた。

チベットで暴動が発生していた時、私は朝日新聞の記者として埼玉県熊谷市の支局に勤務していた。しかしあと一カ月もしないうちに、私は五年間勤めたその会社を辞めることにしていた。別に大きなヘマをしでかしたわけではない。県内版で大きな連載を書いていたし、事件が起きたらそのことで特ダネを書いたり、逆に他社の記者に特ダネを書かれたりと、人なみの仕事はしていた。それでも会社にはすでに退職する旨を伝えており、上司も私の退職届を、若干の慰留の言葉があると思っていた私の予想を裏切り、あっさりと受理した。すでに退職金の計算をはじめとした諸々（もろもろ）の手続きが終わり、引っ越し先も決まっていた。

たいした仕事はしていなかったのに、ずいぶんといい給料をくれる会社だった。もはや退職の決定はすでに後戻りできないところまで来ていて、自分の人生は大きな転換点を迎えようとしていた。これからは会社という組織にとらわれず、自分の好きな道を歩むのである。そしてその道に踏み出す第一歩としてやろうとしていることを想像すると、私の気持ちは少し高ぶった。

しかしテレビの中のニュースはそれがすべて、昨日までは、の話に変わってしまったことを告げていた。突然暴動が始まったチベットの現実を見せつけられ、いったいどういうことなのだと、私は内心ひどく狼狽（ろうばい）した。世界の情勢というものは、どうやら私の個人的な事情などお構いなしであるらしい。私はその年の冬に再び、チベットを訪れるつもりでいたのである。会社を辞めて歩む道の第一歩として、もう一度ツアンポー峡谷を旅することに決めていたのだ。だがチベットがこんな情勢では、本当に行けるかどうか分からなくなってしまった。こっちは会社を辞める決断までしたというのに。

二〇〇二年から〇三年にかけて行った旅で、私は伝説的な未探検地である空白の五マイルのほとんどを探検することに成功した。自分の目で確認できなかったのは、最初に敗退した「門」と幻の滝の下流の一部、距離にして合計わずか二キロかそこらにすぎず、探検が終わった直後は、ひとりで成し遂げたこの成果に自分でもおおむね満足していた。そして探検が終わり私は新聞記者となった。富山支局に配属され、警察担当記者として地方の小さな火事だとか、都会では記事にもならないような強盗事件だとか、そういう取材に忙殺された。その合間に街のほのぼのとした話題や、興味を持っていた黒部川のダム問題の取材などをこなし、高い給料をもらっているのをいいことに毎晩遊んでばかりいた。

しかし新聞記者を続けるうち、私の心の中ではいつのまにかツアンポー峡谷が再び大きな部分を占めるようになっていた。この前の探検で自分がやったことなど、たいしたことではなかったのではないか。時間が経つうちに探検直後に感じていた満足感は風化し、そんなふうに考えるようになっていたのである。たしかに空白の五マイルのほとんどを踏査したが、いったいそれがなんだというのだ。ジェヤンの家をベースに、ちょこちょこと山を越えて、峡谷の中を数日間もぞもぞ這いずり回っただけではないか。私はもっと深いところでツアンポー峡谷を理解してみたいと思うようになっていた。もっと奥深くに行って、どっぷりと浸かり、もっと逃げ場のない旅をしてみたい。おそらくそれは、この前の旅が終わった時からうすうす感じていたことだったのかもしれない。二〇〇三年二月、探検が終わりジェヤンと別れ、ザチュからペイルンの村に戻って来た時、自分はひょっとしたらもう一度ここに来ることがあるのかもしれないと、そんな思いがふと、頭をよぎったのだ。そして時を経るうちに、頭をよぎったそのふとした思いは、じわじわと重みを増し、いつの間にか確固たる決意へと変わっていた。

考えてみると、あの時から私の目標はギャラからザチュの間の、約六〇キロに及ぶツアンポー峡谷の無人地帯を完全に踏破することにあった。あの時というのは、大学四年で探検部に企画書を出した一〇年前のことである。もともと前回もそれが目的だったのだが、「門」で敗退して果たせなかっただけのことだ。ギャラからザチュに谷沿いを抜けるそのルートこそ、ツアンポー峡谷の探検史のすべてを体現していた。キントゥプもフレデリック・M・ベイリーもキングドン＝ウォードもイアン・ベイカーも、過去の探検家は全員それに挑戦し、失敗していたのだ。最初に掲げた目標に対してまだ納得のいく答えを出していないという自分に対する後ろめたさが心の奥底に澱のように沈殿し、時間が経つにつれそれはこびりつき固くなっていた。やり切りたい思いが鬱積して蜘蛛の巣のように体の隅々にまで張り渡ってしまっており、それを払い除けない限り、その後の人生を悔いて過ごすことになるのは目に見えていた。

いつしか私は再びこうした思いにとらわれるようになった。このルートをたどることに成功したらツアンポー峡谷の深遠を肉体に刻み込むことになり、語るべき何かを得られるに違いない。自分は歴史の隅っこにへばりつこうとする遅れてきた探検家にすぎない。ツアンポー峡谷をもう一度やるとしたら、もはやこれしかないだろう。そして自分はそのもう一度を、やってみるべきなのではないだろうか。

2

中国北西部に位置する青海省は、行政単位こそ中国のひとつの省に編入されているが、文化的にも歴史的にもそこはアムドと呼ばれるチベットの主要な一部をなしている。ダライ・ラマ一四世の生家もこのアムドにある。その中心都市西寧からラサにかけて、中国共産党五〇年来の悲願であった青蔵鉄道が開通したのは二〇〇六年七月のことだった。この鉄道が今、日本や韓国の旅行者がチベットに無許可潜入するための最大の交通手段になっている。

私が前回探検した七年前の冬、チベットは以前より外国人にとって格段に旅行しやすい地域になっていた。本来チベット入域のためには、旅行会社を通じてガイドや現地の車を手配しなければならないが、当時その決まりは空文化し、成都の旅行代理店で、ツアーに申し込まなければならないが、チベットに行きたいんですがと一言告げれば、入域許可証と航空チケットが自動的に手渡される仕組みになっていた。入域許可証自体が数年以内に廃止されるだろうとさえ言われていた。

しかし二〇〇八年の暴動の結果、中国当局は外国人旅行者がチベットに入域するのを極端にしめつけるようになった。おそらくプロのジャーナリストではない旅行者や登山者が、撮影した映像をインターネットで簡単に公開できるようになったことが、その要因としてあるのだろう。空文化していたツアー制度は厳格に適用されるようになり、ネパールやインドからの入域は禁止されるようになった。中国の旅行会社はツアーに申し込まないと外国人旅行者にはチケットを売らなくなり、とりあえずツアーに申し込んで日程が切れたら勝手に滞在するという裏技も、手配した旅行会社が当局から罰せられるという理由でできなくなった。なるべく安く、長くという個人旅行者には八方塞がりな状況になったはずだが、そこに風穴を開けているのが、皮肉にも当局が鉄道技術の粋を集めて開通にこぎつけた青蔵鉄道であった。

チベット暴動から一年半が経った二〇〇九年一一月、私は登山道具をいっぱい詰め込んだ大きなザックを背負い、青海省の中心都市西寧に向かった。肌を突き刺すような冬の寒さの中、西寧駅で降り、漢族文化に圧倒され、すでにチベット的情緒を失った乾いた街の中心部を抜けて、とあるホテルへと足を向けた。玄関をくぐり、おしゃべりに興じているフロントの女性に、Gさんはいませんかと話しかけた。女性は私をひと目見るなり外国人旅行者だと分かったらしく、すぐに用件を察したようだった。

「ちょっと待って、電話してみるわ」

女性から受話器を渡されると、聞き覚えのある声が英語でヘローと言っていた。

「日本から来たカクハタといいますけど、覚えています？」

「ええっと……、ラサに行きたいんですか」

「そうです」

「ちょっとそこで待っていて下さい。三〇分後に行きます」

しばらく待つとGの日焼けした顔が、無精ひげを生やした若い男と一緒に現れた。顔を見ると私のことを思い出したらしく、握手を交わした後、ポケットの中から手帳をとり出して誇らしげにそれを見せた。手帳には彼がそれまでにラサ行きを世話した、たくさんの日本人や韓国人の名前があり、その中に私の名前も「再幡唯介」と一文字間違って書かれていた。

Gとはその年の夏に会っていた。二〇〇九年の六月、私はチベットに入れるのかどうかを確かめるため偵察旅行をしていたのだ。二〇〇八年のチベット暴動で外国人の旅行は厳しく制限され、ツアーでなければ入域できなくなったという噂は私も耳にしていた。今回の探検も無許可旅行の延長線上で行うつもりでいたので、チベットにどうやったら入れるのかということは、私にとっては重要な問題だった。本番の探検に余力を持って挑むためにも、できるだけスムーズにツアンポー峡谷に入域できるルートを確立する必要がある。そのため夏に実際に中国に渡り、偵察してみることにしたのだ。

偵察に訪れる前、一応ツアンポー峡谷探検の許可が下りる可能性があるか成都のエージェントに確認してみたが、やはり無理だとの答えが返ってきた。しかし許可が得られるかどうかは私にとってあまり重要な問題ではなかった。チベットは現在、中国共産党政府により不条理に支配されている、そういう認識を私は持っている。そのチベットの奥地を訪れるのに、その中国当局に、なぜ多額の現金を支払って許可をもらわなければいけないのか。そのような疑問がそもそもあったので、無許可で旅行することに道義的な責任をほとんど感じていなかった。というよりむしろ無許可で探検するほうがスタイルとして好ましいとさえ思っていた。中国当局が外国人に開放していない地域に潜り込み、彼らに知られずこっそりと困難な旅を完成させたほうが、チベットという地域の特殊性を考えると方法としてはむしろ正しいのではないか。インドかネパールから密入国してツアンポー峡谷を目指すのがベストだが、そこまでやると現地に到達できる可能性は限りなくゼロに近くなるし、到達できたとしてもその後に困難な踏査行を実行するのは不可能なので、さすがにこれはあきらめた。

冬の探検を成功させるためにも夏の偵察は重要だった。この偵察旅行の途中で、チベットに行く無許可旅行者は昔のようにバスではなく青蔵鉄道を使っているという話を聞いた。そして鉄道に乗るために西寧に向かい駅を降りるとすぐに、ラサに行きたいんですかとGから呼びとめられたのだ。私は十何年もこの仕事をしている、大丈夫だ。だがここは危険だ。警察がうろうろしていて、外国人と接触していると見つかってしまう。近くにホテルがあるからそこで話そう。動きやセリフがいちいち芝居がかっていて怪しいことこのうえなかったが、私は言われるままに後をついて行き、彼の指示に従ってラサに入ることができた。

それから五カ月が経ち、冬に西寧に到着した時も、Gは同じような方法で私をラサ行きの列車に案内すると言った。「今は旅行がしやすいよ。この前、建国六〇周年の記念式典があった時は、チベットから外国人が全員追い出されたけどね」と彼は笑った。

Gはラサ行きと西安行きのチケットを買い、私は西安行きのチケットを見せて、駅の入り口でチェックをしている警察官の目をごまかして中に入った。駅の構内で彼はあっちで手まねき、こっちで忍び足とスパイもどきの動きを繰り返しつつ、警察の目を盗んで私をなんとかラサ行きのホームへと潜り込ませてくれた。列車の中では絶対に何も話すな、外国人だとばれるぞ。もしばれても私の名前は出すなよ。そう忠告を残して彼は列車の前から姿を消した。

西寧からラサまでの二四時間は、寝たふりをしているか本当に寝ているかのどちらかだった。周りには革のパンツに長髪という、ハーレーダビッドソンにでも乗って来そうなアムドの男たちが大勢の家族や親類と一緒にはしゃいでいた。何年かに一度の観光巡礼旅行なのか、全員が上機嫌で、特に子供たちは時々、人なつっこい笑顔で私のほうにもほほ笑みかけてきた。だが私は、そんな彼らの上機嫌に、つき合いたくてもつき合うことはできなかった。ラサまでは彼らが話しかけてこないように、仲良くなりたいと思わせないように、話しかけたら噛みつくぞといった不機嫌な表情を崩さないように顔を強張らせていなければならなかった。日本人だとばれたら、その時点で旅は終わるのだ。

ラサに到着したことで、私は大きな関門のひとつを越えた。今回のツアンポー峡谷の旅にはいくつも関門があり、出発前は勝ち目のうすい戦いだと思っていた。最初の関門はまずチベットに入れるかどうか。Ｇのおかげかどうかはよく分からないが、なんとかそれはうまくいった。次の関門はラサからツアンポー峡谷に向かう途中にある八一（バーイー）の町の検問で、ひっかからないかどうかだった。次にツアンポー峡谷に入る最後の村で、入域が許されるかどうか。そして最後は無許可で探検して、地元の村人に通報されないかどうかだった。それぞれの関門を突破できる可能性を八割と仮定しても、計算上、私はツアンポー峡谷に入る前に約六〇パーセントの確率でつまみだされることになる。

八一の検問は昔から鬼門であったが、最後の二つはその年の夏の偵察で判明した関門だった。夏の偵察旅行で私は八一の検問を突破して、ツアンポー峡谷入り口の村であるペイルンまで行っていた。この時はペイルンからザチュのほうに行き、ジェヤンを誘ってあわよくばインド国境まで旅するつもりだったが、ペイルンには七年前の単独探検の時にはなかった新たな検問ができていて、この検問で私は「Ｉ♡ＣＮ（アイラブチャイナ）」というロゴの入ったＴシャツを着た、機嫌の悪い若者に見つかってしまった。

「どこに行くんだ」

「ザチュまで行こうかなと……」

「だめだ。外国人は入れない」

七年前にひとりで来た時は、役人に五〇〇元を支払えばあっさりと入域を許可してくれたのに、この若者はどこかの役所で地元採用された末端の役人に違いなく、以前の役人とは違い、そういったことを決定する裁量がまったくなさそうだった。職務に忠実な分だけ賄賂などが通用せず、余計に厄介だった。

「いいじゃないか、別に。七年前に来た時の友達に会いに来ただけだ。写真を渡しに来たんだよ」

そう言って私は日本から持ってきた村人たちの写真を見せた。彼はあっと声を上げると、「このラマ僧の写真をくれないか」と言った。「おれの嫁さんの兄貴なんだ」。彼はザチュで生まれたモンパ族だった。七年前に私が来た時にはどこか別の町の学校に通っていて、私のことなど知らないと言った。

「ザチュまで行かせてくれたらあげるよ」と私は言った。

「ジェヤンに会いたいなら電話して呼べばいいじゃないか。携帯電話を持っているんだから」

「え、携帯電話を持ってるの？」

「今は誰でも持っているよ」

結局この時は彼に何度お願いしても、ペイルンから先には入れてくれなかった。新しくできていた中華料理の食堂に行くと、たまたま来ていたザチュのモンパ族たちが、再会を祝してひたすらビールをおごってくれた。七年前には村一番の美人だった、ジェヤンの弟のダンドゥップの奥さんとも再会したが、すっかり太って往年の毛沢東みたいな顔になってしまっていた。いずれにせよこの偵察で私は、七年前には火縄銃しか持っていなかったツアンポー峡谷の村人が、今では携帯電話を片手に連絡を取り合っていること、そして彼らの反感を買うような行動をとったら、即座に警察に通報される恐れがあることを知った。

夏の偵察でそんな出来事があったので、冬の本番の旅行ではどこからツアンポー峡谷に入るか、私はじっくりと考えた。西寧からラサに到着し、ホテルで一日休養した後、カネさえ払えばどこへでも連れていってくれる運転手たちのたまり場に出かけた。ここでペイルン以外のもうひとつの入り口として調べておいたトゥムバツェという村まで、車で行けるかどうかを確かめようと思ったのだ。トゥムバツェはペイルンより手前にある村で、そこから標高四五〇〇メートルほどの峠を越えれば、上流側にある最奥の村ギャラの対岸に出ることができる。ペイルンからザチュを経由する道で入るとツアンポー峡谷を下流からさかのぼることになるが、トゥムバツェからギャラ経由だと上流から下っていくことになり、行程自体がまったく逆となる。

トゥムバツェには行ったことがなかったので、ザチュのように知人もいないし事情も分からなかったが、それでも私にとって無視することができない大きなメリットがあった。ペイルンから入れば、ザチュから先がいきなり空白の五マイルという踏み跡すらないエリアに入るので、地元の人間は一緒に来てくれない。つまり、最初から単独行になり、ザチュからギャラまでの全行程約六〇キロをひとりで通さないといけない。前回の経験から、これはちょっと現実的ではないと思っていた。しかしトゥムバツェからなら途中まで踏み跡があるらしいので、最初の三分の一くらいは地元の人間を雇っていくことができるかもしれない。単独行は、空白の五マイルを含めた最も険しい後半部分ということになる。この差は旅の成否を左右するぐらい大きいように思われた。それにトゥムバツェからギャラに行けば、あの伝説のキントゥプやキングドン＝ウォードと同じルートで挑戦することになる。ツアンポー峡谷の探検史を、そっくりそのまま背負って旅ができるのも大きな魅力だった。

運転手たちの話では、トゥムバツェまでは道があり、車で行くことができるという。村には警察もいないらしい。この情報で私はトゥムバツェを目指すことに決めた。私は宿に戻りフロントで電話を借りて、夏に知り合ったありふれた名前のチベット人運転手の携帯電話を呼び出した。

3

ツアンポー峡谷に入り込むまでの最大の課題は警察に発見されないことだった。警察に見つからずツアンポー峡谷に入り込むことさえできれば、今回の旅の半分以上は成功したようなものだ、そう思い込んでいた。結果的に私は警察に見つからず首尾よくツアンポー峡谷に潜り込むことができたが、しかし許可がなかったことが原因で思わぬ事態が次々と展開し、そしてそのために旅はいささかスリリングなものとなるのだ。

八一の町の検問は建国六〇周年の記念式典が終わったせいか、観光のオフシーズンだったせいか、たいした調べもなく通過できた。八一で一泊し、一一月三〇日、私はありふれた名前のチベット人の運転でトゥムバツェの村を目指した。セチ・ラという峠にさしかかると、ナムチャバルワがジュラ紀の剣竜のような、その巨体を現した。この偉大な山は目的地が近いことをいつも私に告げる。峠を過ぎ、凍った坂道を滑りながら下ると、車は脇道に入った。トゥムバツェの村は大きな針葉樹の原生林が広がる、絵葉書のように美しいなだらかな谷の中にあった。小さな橋を渡ると民家が並び、小川で村人が手を血まみれにしながら豚を解体していた。

「すいません、ポーターを探しているんですが」

血で手を真っ赤にした村人に話しかけると、彼はちょうどそこに通りかかった、生まれてこのかたずっと笑顔ですといわんばかりの、人のよさそうな男を紹介してくれた。ギャラまで行きたいんです、許可はありませんが、と伝えると、男は一も二もなく私の頼みを引き受けてくれた。そもそもこの笑顔で、誰かの頼みごとを断るなんてことはとてもできそうになかった。ただ男は、もうひとりいないと、自分だけでは行けそうにないとも言った。

「ギャラに抜ける峠には行ったことがないんです。峠の道を知っている人がいるので、その人と一緒に行きましょう」

なんのことはない、彼は必要のない人間だった。それでもこの男のことが気に入った私は、彼と一緒に峠を知っているという男の家に向かい、そしてとりあえずはその二人と共にギャラに向かうことが決まったのである。

私は峠を知っている男の家で彼の息子とバター茶を飲みながら、なんだか思ったよりも簡単にことは運びそうだぞとほくそ笑んだ。村には警察はいないということだし、ギャラから山の中に入ってさえしまえば、余計なことに煩わされず探検に専念できる。だが事態はそのわずか一〇分後に暗転してしまった。この旅では私の予測はいつも外れ、思った通りにことが運んだためしはなかった。そして旅は悪いほうへ悪いほうへと向かっていったのだが、その最初のつまずきが、小さくはあったけれども、このトゥムバッエの村で起きたのだ。

バター茶を飲んでいると、ポーターをやってくれる男二人が意を決した様子で突然、私の目の前に現れた。「やっぱり、許可がないならポーターはできない」。彼らは仏教の教えにはそぐわない無慈悲な顔で、そう私に宣告した。「村には住民がたくさんいる。

誰かが携帯電話で警察に通報したらおれたちが逮捕される」

「誰が通報するというんだ」

笑顔の男も、らしくない神妙な顔つきに変わっていた。

「この村には多くの人が住んでいる。誰かが携帯電話で警察に連絡しないとも限らない」

ちょっと待てという私をさえぎり、男たちは仕事があるからと、断固とした態度で出ていってしまった。あとには私と今出ていったばかりの男の息子がとり残され、部屋の中はがらんとしていた。息子が気まずそうな顔をしながら言った。「タバコでも吸うか？」

たしかにこれは小さなつまずきではあった。ギャラまでは道もしっかりしているというし、地図があるのでひとりで行くのも難しいことではない。トゥムバツェで協力が得られなかったこと自体は、はっきり言ってどちらでもいい問題だった。しかしそれでも嫌な感じが頭から離れなかったのは、この先でも同じ問題が起こるかもしれないことが、容易に想像できたからである。

私はトゥムバツェを出発し、ひとりで峠に向かった。峠を知っているという男から道は詳しく聞いていたし、標高四五〇〇メートルを超える峠には雪がうっすらとしか積もっておらず、なんの問題もなくツアンポー川のほとりにあるギャラの村を目指した。山中で何泊かし、途中の放牧地で一〇頭ほどのヤクに囲まれたりしながら、ツアンポー川のほとりにある小さな村に到着した。

青空のもとに雪をまとった岩山が連なり、道の向こうにはダルシンと呼ばれる、白地に経文が書かれた幟が無数にはためいていた。村が近づいてきたところで、背後からヒュイと口笛が聞こえた。振り返ると、さらさらと流れる小川の脇に、うす汚れた黄色いダウンベストを着たジーパン姿の若い女がにこにこと笑って立っていた。ギャラまで行きたいことを伝えると、女は「じゃあ、私の夫と一緒に行くといいわ」と言って、私を二階建てのなかなか立派な家まで案内してくれた。夕方、豚肉の行商から帰宅した彼女の夫も、笑顔の絶えない愛想のいい若者だった。

「ギャラからツアンポー峡谷を抜けて、ザチュまで行こうと思っているんだ」と私は言った。

「ひとりで？」

「途中までは誰かに荷物を運んでもらいたいと思っている。踏み跡も分からないし」

「おれはペマコチュンまでしか行ったことはない。けど、ギャラに行けば道を知っている人がいるから誘ってみよう」

こうしてこの村でも話はまとまりかけたのだが、彼の妻が何気なく許可はあるのかと訊いたことから、トゥムバツェと同じことがここでも再現された。

「許可がないなら行けないよ」と男が言った。「ギャラに着いて警察に通報されたら捕まってしまう」

「誰が通報するんだ」と私は言った。「ギャラの人はみんないい人だから通報なんかしないよ」

「あんたは捕まるのが怖くないのか。おれは怖い」

私は現地に来るまでは正直、許可がないことについて村人からここまでの拒絶反応にあうとは思っていなかった。そもそもチベットの未開放地区では、自分たちの住んでいるところが外国人には開放されていないと知っている人などほとんどいない。実際、この村もトゥムバツェもペイルンもすべて未開放であるが、そのことについては誰も何も言わないのである。それに七年前に探検した時は、無許可が問題になったことはなかった。あの時はペイルンの役人に賄賂を渡し、非公式に旅が認められたという事情はあったものの、許可があるのかどうかということを気にした村人はほとんどいなかった。この七年間で明らかに変わった事情がひとつだけあるとすれば、それはこの辺境の地域に携帯電話が広く普及したということである。

この若者の家には携帯電話が彼と妻、両親の分と合わせて四台もあった。携帯電話の発明は、とりわけツアンポー峡谷のような辺境の山村に暮らす人々の生活を、かなり根本のところから変えたように思う。携帯電話の普及によって彼らのコミュニケーション手段は、中世のそれから大手町のビジネスマンとさほど変わらないまでになった。火縄銃でカモシカを追いかけるかわりに、携帯で写真を撮影したり人気歌謡曲を大音量で流したりするようにもなった。特に驚かされたのは、殲滅的とすらいえるその電波網の普及ぶりである。秘境中の秘境といえるツアンポー峡谷奥地の村でも電波はゆうゆうと届き、中国風の派手なデコレーションをほどこした携帯電話がけたたましく着信音を響かせていた。これは私のような無許可旅行者にとっては恐るべき事態だった。目の前の若者がその気になりさえすれば、最寄りの警察署に電話して、「今、日本人が無許可で来ています。ええ、ふざけたやつです」と通報することだって可能なのだ。

だがこの若者には、決してそんなことをしそうにない人のよさがあった。いいやつだったのだ。彼は私にひとりでも行くのかと訊いてきた。私がひとりでも行くと答えると、それは良くないとつぶやき、とりあえずギャラまで一緒に行ってくれることになった。彼の妻も納得しているようだった。私たちは翌日、チャパティやツァンパ、豚肉などを竹のかごにたくさん詰め込み、ギャラに向かって出発した。

ギャラに向かう途中、私には一カ所だけ寄ってみたい場所があった。ギャラの対岸にはギャラ・ゴンパというくたびれた僧院があり、その脇の小さいが急峻な沢に滝が落ちているのである。日本にいた時から、私はこの滝は絶対に見ておきたいと思っていたので、同行してくれた若者に案内するよう強くお願いした。沢の手前で山道は分岐し、私たちは岩場に刻まれた急な脇道を慎重に下った。二〇メートルほど下りると、無数のタルチョがはためく滝見台みたいな小さな広場に出た。先に下りた若者が沢のほうを指さして、あれがシンジチョギャルの滝だと言った。

若者の指先の向こうにあるというその滝は、あのシンジチョギャルの滝だった。はるか昔に伝説の探検家キントゥプの報告の中で言及された、例の滝である。ツアンポー峡谷にありもしない大滝伝説を生みだし、何人もの探検家をこの地に向かわせることになった誤報の根拠だ。それははたしていったいどんな滝なのか。タルチョで彩られた広場をあと少し先に進めば、世界一、人騒がせなその滝をもうすぐ目にすることができる。極めて野次馬的な関心に胸を膨らませ、私は沢の中を覗き込んだ。そして唖然とした。

なんだ、これ……。滝の予想以上の小ささと迫力不足に、私は思わず声を失った。せいぜい高さ一五メートル、この程度の滝なら東京都奥多摩地方の沢の中にもごろごろしている。そのへんにある別の滝のほうがよほど大きそうだ。キントゥプの報告の中で滝の高さは約四五メートルとされていたが、いくらなんでもそれでは誇張表現も甚だしい。彼はこの先のシンドンという、今では誰も住まなくなった村まで足を延ばしているので、実際にこの滝の姿も確認したはずだ。やつの目は節穴だったのか？

「これがシンジチョギャルの滝なのか」

若者に改めて確認すると、彼はそうだと胸を張った。彼の自尊心を傷つけないように、私は本音を胸の内にしまい込み、素晴らしい、素晴らしいとチベット語を連発して写真を撮りまくった。

正確に言うとシンジチョギャルというのは滝の名前ではなく、チベット仏教の憤怒尊の名前だという。滝の奥にはその憤怒尊の神像が透けて見えるらしく、そのため滝も憤怒尊の名前で呼ばれ、ここは多くの人が訪れる巡礼地となった。有名なヒマラヤ研究家のローレンス・ワッデルは一八九五年、「ジオグラフィカル・ジャーナル」（第五号）に書いた記事の中で、この滝のことを紹介している。記事にはチベット人の手によるという印象的な滝のスケッチも掲載されており、激しい流れの向こうで憤怒尊が怒りの表情を浮かべ、力む姿が描かれている。スケッチの下には「ツアンポーの滝」とのキャプションも入っている。《私の覚えている限り、熟練したインドの測量技師で、大ツアンポーの滝に到達できた者はまだ誰もいない》という書きだしで始まるこの記事もまた、ツアンポー峡谷に大滝があるとの情報が事実であることを強く印象づけた。記事は神像のことにも触れている。《ラマ僧たちは呪文を唱えることで、憤怒尊をそこに据えつけた。川の水量が減った時に、信心深い者だけが滝の向こうにぼんやりとかすむその姿を見ることができる》

私は何度も滝の向こうに目を凝らしたが、どうしても神像の存在を確認することはできなかった。

「滝に神像なんて本当にあるのか」と私は若者にたずねた。

「あるよ」

「見えないじゃないか」

「信心のない者には見えない」と彼は言い、分かるだろとでも言いたげにニヤッとした。

「それに夕方は太陽の向きが悪いからね。午前中だったら、滝に日がばっちり当たって見えるんだが……」

ギャラとこちら岸を往復する渡し舟が、ツアンポー川でエンジン音を響かせていた。一〇人近くの村人が向こう岸の砂浜で舟を下りた。若者が大声で呼びかけ手を振ると、そのうちのひとりが再び舟のエンジンをかけ直し、こちら岸に向かってきた。舟で川を渡ると村の入り口にはヤクの頭蓋骨が飾られており、いかにも最奥の村という雰囲気をかもし出していた。私たちは舟を渡してくれた男の家に向かった。男は私と一緒に来た若者の妻の姉の夫の……、要するに彼の親類で、背が低く、髪型はおかっぱ頭で、比較的色白で、チベット人にしては珍しい顔をしていた。声がやわらかく物腰が異常に丁寧で、それが逆に油断のならない男であるという印象を与えていた。できるならこの男と一緒に旅をしたくない、直感的にそう思ったが、若者の親類であるのでほかのやつを紹介しろとも言えなかった。男の家に着くと、私は彼とポーター代について交渉に入った。

若者とは一日一五〇元ということで話がまとまっていたが、ギャラの男はそんな金額では話にならないと言った。

「中国の探検隊は一日二〇〇元出した。それ以下では無理だ」

私の計画では、ギャラの村からペマコチュンの僧院跡を経て、シガール川と呼ばれる支流までは村人に一緒に来てもらうつもりだった。シガール川は空白の五マイルから七キロほど上流にあたり、だいたいそのあたりまでは川沿いに踏み跡があることを知っていたからだ。そしてそこから先は踏み跡が川から離れ、ロープを使うことも多くなるので、ひとりで旅をして空白の五マイルを抜けてザチュまで行くつもりだった。

今回も単独行へのこだわりはあったが、前回の探検の経験から、ギャラからザチュまでの六〇キロの全行程を、すべて単独で踏破するのは厳しいと思っていた。それに村人を雇って地元にある程度お金を落とさないと、彼らの反感を買って警察に通報される恐れがある。そうすれば峡谷の中に入ることすらできない。そういったいくつかの理由があり、私はギャラの村からある程度先までは村人と一緒に行くつもりだった。

「シガール川までは何日かかるんだ」と私は訊いた。

「二〇日から二五日はかかる」

この男は嘘をついていると思った。一〇日もあれば十分なはずだ。

「そんなにかかるわけないじゃないか。ペマコチュンまでは何日かかるんだ」

「ペマコチュンまでは六日だ」

私はザックから中国製の一〇万分の一の地図を取り出し、ギャラ、ペマコチュン、シガール川の位置を指差して言った。

「ペマコチュンまで六日。ギャラからペマコチュンより、ペマコチュンからシガール川のほうがずっと近いじゃないか。それなのにどうして二〇日もかかるんだ」

男は黙っていた。

私はとっさに手持ちの資金を頭の中で計算した。一五日間分なら、なんとか二人分の賃金を支払えるだろう。

「一五日間でどこまで行ける？」

男はじっと私を見た後、「シガール川まで行ける」と言った。「行きに七日か八日、帰りに七日はみないといけない」

結局、私はシガール川までの往復分として一五日分の賃金を支払うということで彼と合意した。その夜、彼は村の若者たちを招き、ちょっとした宴会を家で開いた。若者たちにはビールがふるまわれ、二日前に殺したばかりの豚肉を火であぶった料理がテーブルの上にのぼった。宴会は夜遅くまで続いた。幸運だったのは、私に許可がないことを、この男がまったく気にしていないことだった。

私と若者、ギャラの男は翌日、村を出発した。一二月四日のことだった。ギャラのあたりのツアンポー川はまだ峡谷が発達しておらず、広くてゆったりと流れていた。村を出るとごつごつとした岩肌をさらした巨大なギャラペリの山が、手に届きそうなほど近くに立っていた。私たちはしばらくツアンポー川沿いの川原や砂地を歩き、途中から山の中につけられた踏み跡に入った。踏み跡は獣道よりはましだが、もしひとりだったらこんな道はすぐに見失ってしまうだろう、という程度のものにすぎなかった。五、六時間ほど歩き、私たちは小さな沢の脇に幕営することにした。

シガール川までは彼らと一緒だ、彼らは踏み跡を知っている。その事実が私に安心感を与えていた。彼らと一緒にいる間は余計なことを考えずについて行くだけでよかった。彼らに荷物の一部を運んでもらい、自分はベイリーやキングドン＝ウォードがたどった有名な探検ルートをじっくりと検証する、そんなちょっとした観光気分に近く、冒険に必ず伴う重苦しい不安感とはまったく無縁だった。そうした不安感やプレッシャーとはシガール川を過ぎて、ひとりになってから本格的に格闘することになるだろう。それまでは彼らとの旅を存分に楽しめばいい。しかし、そんなふうに気楽に旅ができたのは、この日でおしまいだった。

翌朝、前日残ったスープと豚の腸詰、チャパティという豪勢な朝食をとった後、ギャラの男が突然、私が最も触れられたくないことについて口を開いた。

「あんた、許可証は持ってないのか」

何をいまさらそんなことを問題にするのかと、最初は不思議に思った。私が話題にされたくないことを口にしてからかっているのだと思った。

「許可証を持っていない人と一緒に行ったことが警察にばれたら、おれたちは捕まってしまう」

突然、若者が横から口をはさんできた。

「今年の夏、一一人の日本人がトゥムバツェからギャラに来て、ツアンポー峡谷に向かおうとした。でもそれが警察にばれて、彼らは五万元の罰金を支払ったんだ」

「五万元？」。日本円にして七〇万円ほどの大金である。あり得ない話だ。

「本当だ。それに彼らを舟に乗せた村人も二万元の罰金を支払った」

そんな話は到底信じられなかった。ツアンポー峡谷を探検する日本の遠征隊があるなんて話は聞いたことがなかったし、一一人で無許可旅行なんて、ちょっと大胆すぎる話だ。だいたい若者は二日前に、ツアンポー峡谷に来た外国人は最近ではあんただけだと話していたばかりだった。それなのに彼の口からは、もう少し上流にあるペエの町ではアメリカ人も捕まって八一に連行されたと、明らかな作り話が次々と語られた。

「おれはあんたを舟でギャラまで連れて来た。それがばれたら二万元だ。おれは怖い」

ギャラの男は怖い、怖いと何度も言った。もうその話はいい、行こうと言ったが、彼らは無言でたき火の炎を見つめるだけだった。どうやらもう本当に私と一緒に行くつもりがないらしい。若者は私に許可がないことをギャラでは男に伝えなかったのだという。村には警察の代理のような人がいて、その人に無許可であることがばれたらすぐに通報されてしまう。だから昨日テントの中で、初めてそのことをギャラの男に伝えたのだと若者は説明した。

面倒なことになったなと思った。彼らがいなければヤブの中の踏み跡はすぐに見失うだろう。そうすれば目的地であるザチュまで何日かかるか分かったものではない。手持ちの食料は二〇日分ほどあったが、それで本当に足りるのだろうか。そうした不安が正直、ないこともなかった。だがここまで来たのだ。後戻りすることなど考えられなかった。もはや最初からひとりで行くしかないようだが、それならそれでかまわない。ツアンポー峡谷に入り込めただけでも御の字だ。行けば行ったで、なんとかなるだろう。

出発の準備に取り掛かると、彼らは無言で私のことを見つめていた。準備がすべて終わり出発の段階となってから、私は彼らに一日分のポーター代を支払おうとした。しかし彼らはそれを受け取ろうとしなかった。

「一日二〇〇元の約束だったじゃないか」

「そんなんじゃだめだ」とギャラの男はすねたような顔をして言った。「一五日分、ひとり三〇〇〇元の約束だったじゃないか」

なんと厚かましい要求だろう。私は彼の真意を疑った。

「一日しか働いていないのに三〇〇〇元？　バカなことを言うな」

当然最初は彼らの不当な要求をつっぱねた。だがギャラの男は強情だったし、許可がないという弱みを持つ私よりも有利に交渉できる立場にあった。警察に通報され、旅が台無しになってしまうことを、私は何よりも恐れていたのだ。それに彼の話す論理に説得力のある反論をできなかったのも事実であった。

「あんたはいい」と彼は言った。「ツアンポー峡谷を抜けたらラサに戻って、あとは日本に帰るだけだ。しかしここに住んでいるおれたちは違う。日本人が来たことはもう子供だって知っているし、それが警察の耳に入ったらどうなる？　誰が日本人に協力したのか、すぐに探しに来るはずだ。そしたらおれたちは罰金を支払わなければならない」

たしかにその通りだった。彼の言う通り問題の元凶はすべて私にあった。私が無許可で旅をしたことが混乱のすべての原因だった。私が来さえしなければ、彼らは警察の恐怖におびえることもなく、これまでと同じように妻と子供に囲まれて平穏な暮らしを続けることができただろう。そうした引け目を私は感じた。それに地元の人にだけは迷惑をかけないというのが、今回の旅における唯一の決まりであったが、それが守れなくなるかもしれない。

カネなんかどうでもいいやと思った。どうせ彼らに与えるつもりのカネだったのだ。

私はポケットの中から一〇〇元札を五〇枚取り出し、それを彼らの目の前で数えてみせた。

「たしかにおれが悪かった。無許可で来たことが悪いのは分かっている。でもツアンポー峡谷が好きだし、ここに住む人たちも好きだ。だからこうしてまた来たんだ。それを分かってほしい」

少し興奮気味に、吐き捨てるようにそう言って、私はギャラの男にその金を渡した。彼はすねた表情をなるべく変えないように意識しながら、目の前の一〇〇元札を一枚一枚丁寧に数え、一瞬、満足そうな表情をちらりと浮かべた。

「絶対に警察には通報するなよ」と私は彼に念を押した。

「通報なんかしない。そんなことしたらおれたちが捕まってしまう」

私はザックを背負って、すぐに消えてしまいそうな踏み跡を登り始めた。ギャラの男がチャパティを五枚ほど袋に入れて持ってきてくれた。私はそのうちの二枚を受け取った。豚の干し肉はいらないのかと訊かれたが、荷物が重くなるのでいらないと断った。

茫漠（ぼうばく）とした深い密林が目の前に広がっていた。私は逃げるように無言で見つめる二人に背を向け、緑の奥に向かって歩き始めた。

第二章　寒波

ギャラの男たちと別れ、一時間ほど竹林の中を登るとムシ・ラという峠に到着した。彼らは村に戻ってから、いったい他の人になんと説明するのだろうか。あの日本人はやっぱりひとりが良いと言って行ってしまったよ、とでも言うのだろうか。もしかしたら約束を破って警察に通報するかもしれないし、村であの日本人は許可証を持っていなかったと話すかもしれない。そうすれば誰かが後ろから追ってこないとも限らない。心の中にあせりが生まれ、足は自然と先を急いだ。

しかしそんな急いた気持ちをあざ笑うかのように、踏み跡は非常に不明瞭で私はヤブにまぎれて何度も見失った。獣道や紛らわしい地形に行きあたると、どれが正しい踏み跡なのかまったく分からなくなり、それが人間の踏み跡かどうかは脇の木に入ったナタの切り目で判断しなければならなかった。踏み跡を見失うとヤブの中を進まなくてはいけなくなるので、行ったり戻ったりしながら、細心の注意を払ってなんとか見失わないようにした。

この旅で用意した装備は軽量化を最優先したものだった。前回の探検ではザックが重すぎたせいで、私が「門」と呼ぶツアンポー峡谷の最狭部を突破することができなかったからだ。ロープはクライミング用一本のほかに、ダイニーマという軽い素材のものを用意し、ボルトやハーケンなどの金属類は緊急時に使うだけの必要最低限の量に減らした。テントも普通の登山で使うドーム式ではなく、ツエルトというポールのない非常用の簡易型を使った。ツエルトは生地の内側が結露しやすくとても不快だが、上に一〇〇円ショップで買った薄いレジャーシートを張るとそれを防ぐことができた。この一〇〇円ショップのシートは登山用のタープよりも軽く、価格も二〇〇分の一ほどで済み、今回の旅では非常に重宝した。燃料はガスではなく、旅館のなべ料理でよく見かけるメタ（固形燃料）を用いた。これを焚きつけにしてたき火をおこすのだが、たき火をおこせなかった時の予備として、重さが一〇円玉一枚分くらいしかないメタ専用の台座も持っていった。

たき火を効率良くおこすには、細いものから順番に薪を一定方向に積み上げ、内部に熱をこもらせることが重要だ。そうすれば薪が濡れていても火はおきるし、生木でも時間をかければそのうち燃える。ツアンポー峡谷は谷が深く日当たりが悪いため、よほど好天が続かない限り乾いた薪は得られなかった。それでも薪がまったく得られなかった日や、疲れきって気力がなかったりした時をのぞいて、火をおこせなかったことは一度もなかった。問題は木が濡れているかどうかということより、薪となる木の種類にあった。峡谷の中では燃えにくいシャクナゲの木しか見当たらなかったので、調理をしたり装備を乾かしたりするのに十分なおき火となるまで二、三時間かかることがざらだった。

食料はギャラの男たちと別れて単独行が始まった時点で、アルファ米（水やお湯でもどすだけの凍結乾燥させた軽いコメ）や、一食あたり二七八キロカロリーしかない棒状ラーメンといった主食が一九日分。それにトゥムバッツェで仕入れた数日分の生米と、ギャラの男がくれたチャパティ二枚があった。カロリーメイトやナッツ類などの行動食を合わせても、一日の摂取カロリーは一〇〇〇キロカロリーあるかないかだろう。このほかに少々のガムテープやテーピング、裁縫用具、軽いのこぎり、夏用の軽量寝袋、ネパールで買った偽物のモンベルのダウンジャケットなど、ザックの重さはすべて合わせて二二キロか二三キロだった。

ギャラの男たちと別れた翌日には早くも頼みの綱である踏み跡を見失った。踏み跡がツアンポー川まで下りてしまい、川原に転がる巨石に紛れて分からなくなってしまったのだ。苦しいヤブこぎを続けていると、川原の石の上はずい分歩きやすそうに見えたが、実際に下りてみるとそんなことは全然なかった。川原の石は一個一個が巨大で、上に登ってみないとその先に行けるのかどうか分からない。迷路のようなもので、進むのに時間と体力ばかりを使ってしまう。そのうえ石の表面は薄いミズゴケに覆われており、雨で濡れると氷のように滑った。これ以上ないほど細心の注意を払い、平らなところに足を置くのだが、ほんの少し気を抜いた瞬間に転んでしまう。途中で左足を石の間にはさんで筋を痛め、それから一週間ほどは足がうまく動かず、下りの時にはずいぶんと苦労させられた。そして川沿いを歩いていると、そのうち必ず岩壁の張り出しにぶつかった。そうすると迂回ルートを探して高巻きをしなければならなくなり、再び険しい斜面のヤブこぎや、いやらしい登攀を強いられるのだ。

ギャラを出てから四日目に突然、ひどい雨が降ったので、森の中にツェルトを張りレジャーシートを屋根にしてたき火をおこした。山を見渡すと上のほうは雪で真っ白になっていた。この時からすでに、私の心にはある大きな不安があった。虹の滝を越えて空白の五マイルにつなげるのが今回の計画だったが、虹の滝の手前には高さ一〇〇メートル近い巨大な岩壁が立ちはだかっている。この岩壁帯を川沿いに越えることができなければ、その南にある標高三六九二メートルの、ルクという村に続く峠を越えなければならない。ギャラで宴会があった時、私は村の若者のひとりから警告めいたことを言われていた。

「今の時期、峠にはひどく雪が積もっている。あんたはそれを知っているのか」

「知っているよ」

「知っているならいい」

彼の質問にそう答えたことは間違いないが、それは単なる強がりにすぎなかった。山に積もった雪を見ると気持ちがふさぎ込んだ。峠にはいったいどのくらい雪が積もっているのだろうか。雪山に対する備えなど毛糸の手袋ぐらいで、アイゼンやピッケルなどは持っていないし、靴は防寒対策などまるでない無雪期用の登山靴だ。峡谷の中で雨が降るたび、山の上ではどれくらい雪が降っているのか、私はいつも心の中で案じていた。

ギャラを出発して最初の目的地はペマコチュンだった。ツアンポー峡谷の探検史に魅せられた者は誰であろうと、その名前を聞けば特別な感情を抱くに違いない。ペマコチュンは、一二〇年以上前にキントゥプの探検の報告の中で大滝があるとされた、まさにその場所だった。ツアンポー峡谷を探検する者にとって、そこは常に文明と荒野を分け隔てる境界線であり、世界の最果てに踏み出す前に現れる最後の人間の痕跡ともいえる場所である。

もはや踏み跡を見失いヤブの中を進んでいた私は、ペマコチュンに至るルートを自力で探さなければならなかった。ガイドブック代わりに持っていったベイリーやキングドン＝ウォードの探検記のコピーは、基本的には苦労したということしか書かれていなかったので、何の役にも立たなかった。私が知りたかったのは、どこに踏み跡が続いているのかということに尽きたが、彼らも踏み跡を何度も見失い困り果てていた。唯一役に立ったのは、中国製の一〇万分の一の地図とコンパス（方位磁石）だった。地図は中国・西安の地図出版社が発行している「中国雪山地図」というシリーズの、「ナムチャバルワ登山図」というものだった。私が購入した時点でこのシリーズにはエベレストやK2など、有名な八つの高峰しか含まれておらず、ナムチャバルワはその八つ目にぎりぎり滑り込んでいた。それを考えると、ツアンポー峡谷の脇に中国が世界に誇るこの偉大な山があって幸運だった。この地図がなければ、等高線のいいかげんなロシア製の地図を使うしかなかったからだ。

壁のように密生したシャクナゲのヤブをかき分け、高原の湿地帯を抜けてペマコチュンの手前にある峠に登った。川底から標高差で六〇〇メートルほど、三二六〇メートルくらいの峠である。この峠から下を見下ろすと、深い峡谷の中に大きな台地が広がっていた。ペマコチュンは七年前の探検で最後に到達した、あのホクドルンとよく似た地形の場所だった。

峠で雪をとかし、汚い水をすすってビバークし、翌日の一二月九日にペマコチュンに到着した。ギャラを出発してから六日目のことだ。台地に下りると、ダルシンが無数にはためき、チベット文字がびっしりと彫りこまれた、高さ二メートルほどの石板が立っていた。その向こうにある小さな丘の上に登ると、ぼろぼろの石垣が現れ、かわいらしい小さな小屋が立っていた。階段を上って中に入ると、直径三〇センチくらいの太鼓が天井からぶら下がっている。叩くと覇気のない、人を小馬鹿にしたような乾いた音がポコンと鳴った。小さな仏壇があり、横には国宝にでも指定されそうな古いかまどがあった。今でも巡礼者が時々ここまでやって来るのだろう。ラサのバルコルあたりで売っていそうな、パドマサンババなど様々な神様のステッカーが壁にべたべたと貼られている。小屋のまわりでは、風雨に擦り切れた古いダルシンが、どうやって登ったのか分からないほど高い木の上ではためいていた。

この場所にやって来て、その歴史を思い起こした時、私は人間の営みの力強さにやや圧倒された。信じられないことだが、ここには少なくとも五〇年ほど前まで人が住んでいたのである。ギャラから踏み跡もほとんど分からないツアンポー峡谷を、少なくとも四日間は歩かなくてはならないこの場所にである。

ツアンポー川を挟んで対岸には、見事な三角形の錐を描く小ピークが、川から約五〇〇メートルの高さで突き出していた。キントゥプが一八八一年に到着した時、すでにこの場所には僧院ができていて、七、八人の僧が暮らしていたという。僧らはキントゥプにこう言ったと伝えられている。あの対岸の山には荒々しい守り神が住んでいて、ここから下流の峡谷を守っているのです。キントゥプはここに三日間滞在したが、下流に向かう道を見つけることができず、やむなくギャラに引き返した。

一九一三年、キントゥプの次にフレデリック・M・ベイリーがこの場所にやって来た時、僧院には五人の僧が住んでいたという。《ペマコゥチュンは重苦しい死んだようなところであった》と彼は書いている。《三か月前に天然痘が流行し、数人が死んでいた。「数人」の死亡は、ほとんど人口を絶やすことになった。ギャラに帰って行く人夫たちを見ていると、取り残されたように気が滅入った。この世の果てに来たような気持ちだった》（『ヒマラヤの謎の河』）。それから一一年後、キングドン゠ウォードは川沿いのジャングルをかき分けていると、突然ペマコチュンで人間の痕跡に出くわし、思わず驚愕した。《次の瞬間だった、われわれは耕地に出会ったのだ。こんなに驚かされたことはこれまでなかった》（『ツアンポー峡谷の謎』）

一九五〇年代、中国共産党がチベットを侵攻した時、理想郷ベユル・ペマコを目指した多くのチベット人がツアンポー峡谷に避難してきた。その時、峡谷の中にぽっかりと台地が広がるこのペマコチュンは、まさに難民収容所の役割を果たし、ある高僧の記録によると三〇〇人以上の人々であふれかえっていたという。だが人民解放軍が二回にわたり攻め込んできたため、避難者は散り散りに逃げ、殺された人も出た。

「この世の果て」というベイリーが抱いた印象は、ペマコチュンにはぴったりの言葉だと私は思った。ペマコチュンはギャラから川沿いを進み、二〇キロほどのところにある。だが、濃いヤブをかき分け、氷のように滑りやすい川沿いの巨石を乗り越え、ロープで崖を下ってようやくそこに到達した私には、キロメートルという距離を表す単位では、その隔絶ぶりがあまり伝わらないような気がした。私はギャラからここまで六日もかかってしまっていたのだ。

キントゥプはギャラからここまで、たった二日しかかかっていなかった（何かの間違いとしか思えない速さである）。ベイリーと一九九三年のイアン・ベイカーは四日、キングドン＝ウォードは五日で来ていた。私の六日という数字には地元の人に協力してもらえなかった影響が露骨に表れていた。ツアンポー峡谷の探検史上、地元の案内なしでこのルートをたどり成功した人間はいないし、地元の人が決してひとりでは山に入らないことを考えると、おそらく私は単独でこのルートを越えようとした初めての人間だった。

しかし私はその遅れ具合を、この時はさほど気にしていなかった。この六日間という数字は、ひとりで来たことが無謀だったのかもしれないと不安にさせるほどの日数ではなかった。それはまだ十分な食料があり、疲労もさほど感じていないという物理的、肉体的な余裕があったからだろう。きちんと自分の行動をコントロールし、危険を適切に回避することさえできれば、今回の旅は完成させられるはずだ。私は無邪気にそう信じていた。だがその見通しが甘いことが分かるまでに、さほど多くの時間を必要とはしなかった。ペマコチュンから先のツアンポー峡谷の状態はそれまでよりはるかに進みにくく、危険で、旅は悲惨なものとなっていった。

ペマコチュンを過ぎ、ナムチャバルワの氷河から流れる二つの大きな谷を渡ると、その先で険しい尾根に行く手をさえぎられた。川沿いには大きな岩壁がそそり立ち、波がその足元で砕けていた。おそらくここが、エベレストに何度も登頂した登山家デビッド・ブリーシャヤーズが一九九三年に越えられなかった岩壁だろう。岩の真ん中には縦に深い亀裂が入っており、その亀裂の側面がオーバーハングになっているので、越えられそうになかった。私は岩壁を避け右から大きく迂回して、上の峠を目指すことにした。比較的ゆるやかな斜面を選んで回り込み、獣道をたどって高みを目指した。登るにつれて傾斜は厳しくなった。しまいにはほとんど垂直に近い壁となり、シャクナゲがすき間なく枝を四方に伸ばしていた。

尾根の上まで登ると、地図を読み間違え、予定していた峠よりもだいぶ上に来てしまったことに気がついた。川から八〇〇メートルぐらい登る予定が、一〇〇〇メートル以上も登っていた。予定していた峠に下りる途中で、日が暮れてしまい、その日は日陰に残っていたわずかな雪をかき集めて、泥だらけの汚い水をつくって不愉快なビバークを強いられた。ツアンポー峡谷ではいつだって、ひとつの尾根を二日がかりで越えなければならなかった。峠から向こうはすっぱりと切れ落ちており、翌日は狭くて深くて急峻な雪の谷を、気が遠くなるほど懸垂下降を繰り返しながら下った。途中でブーンという独特のうなり声をあげながら大きさ一五センチほどの落石が体のわきをかすめ、足元の地面に穴を開けた。ヤギかシカのたぐいが一〇〇メートルくらい上で、ちょっと遅めの朝食でも食べているのだろう。こんな危険極まりないところは、さっさと下りなければならなかった。

ペマコチュンを過ぎると、足元にイラクサが生えているのを目にすることが多くなった。旅がこれまでよりも厳しいものになると告げたのは、このイラクサの出現だった。見た目は貧相だがあなどると痛い目を見るこの草について、私は詳しい生態をよく知らない。だが経験上、日当たりが悪くて湿ったところに自生することは分かっていた。イラクサが厄介なのは、表面に生えている産毛のような繊毛にわずかでも触れると、電流を流されたような激しい痛みが走るということももちろんある。しかし私が恐れたのはそんなことではなかった。イラクサが生えているということは、地面の土がぐずぐずにもろくなり、そこに生えている植物は半分腐っていて、要するに滑落の危険が高まるということを意味していた。ダニもまた同じようなツアンポー峡谷の「悪さ」の象徴だった。イラクサやダニが現れてくるようになると、地面からは半乾きの衣服のような不快な臭いが漂うようになってきた。

冬のチベットは基本的にモンスーンが明けた乾期にあたるが、ツアンポー峡谷にはそんな常識は通用しない。太陽が姿を見せることは少なく、上空にはほとんどいつも厚い雲が覆っていた。大雨になることはあまりないが、夕方から朝にかけてはしとしとと小雨が降った。雨は地面を濡らし、ヤブを濡らし、川原の巨石を濡らす。濡れたヤブをかき分けると雨具の中の服まで濡れ、それを乾かすためのたき火にも時間がかかる。それを考えると、雨が私にとって大きな敵であることに間違いはなかった。

だが雨を上回る最大の敵が、実はほかにあった。それは日当たりの悪さである。ツアンポー峡谷の全体的な「悪さ」は、雨よりもむしろこの日当たりの悪さに主な原因があった。ペマコチュンから先のツアンポー川は西から東に向かって流れており、私が進んでいた川の右岸の斜面は北向きになる。つまり中国測量当局が最大深度六〇〇九メートルとはじき出した世界で一番深い谷底の、最も日当たりの悪いところを延々と進まなければならなかったのだ。

おそらく地面が乾くということが、ここ数百年ほどなかったのだろう。地肌には耕運機で起こしたような柔らかい土が、濡れた岩に薄くのっかっているだけで、気を抜くと滑って落ちそうになる。こうした土は野菜を作るのにはいいかもしれないが、草木がしっかりと地面に根付くのには適していない。草の根をつかんで登ろうとすると地面ごとはがれ、一見元気そうな木の幹は哀れな音を立てて根っこから倒れた。露出した石灰岩の岩層は半永久的に乾かないので、スキー場の中級者コース程度の斜度を登る時ですら、ロープを出すか悩まなければならなかった。今足を置こうとしているところは滑り落ちる危険はないか、今つかもうとしている木は折れることはないか、一挙手一投足に若い女性を扱う以上の注意が必要で、少しでも気をゆるめたら致命的な結果を招くのは明らかだった。

険しい谷の中を歩くといっても、行動様式としては登山とほとんど変わらない。ヤブをかき分け、岩を登り下りするだけである。しかし、このような長期にわたる無人地帯の踏査行が登山と決定的に違うのは、だめだったら下りればいいという選択肢が与えられていないことだ。人と接触するにはギャラまで戻るか、この先をさらに進んでほかの村にたどりつかねばならないが、いずれにしても一〇日以上はかかるのである。進めば進むほどアリ地獄のように、もう後にはひけないという状況に足を踏み入れていく。そんな世界一巨大な牢獄(ろうごく)みたいなところを、私ははいずりまわっていた。

それに私は、自分で決めたこととはいえ、ひとりだった。ツアンポー峡谷での単独行では、自分の行動を冷静にコントロールしなければならないという緊張感を、長期間保つことが求められた。登山や冒険における単独行は仲間がいる場合と比べて、まったく異なる行為だといっていい。単独行はすべての責任を自分で引き受けなければならない。一歩踏み出す責任、岩を登る責任、ロープを出すか出さないかの責任、それに伴う時間の遅れ、続けるかどうかの判断、自分の知識と経験を脳内と肉体に蓄積されたデータベースから引き出し、それを目の前の状況と照らし合わせて最善の選択肢を選ばなければいけない責任である。無理をしてはいけない。このような隔絶された環境で生きのびるには、そういう単純な原則を守ることが重要だった。

だが逆に、自分の生命を危険にさらすこうした環境は、生きているという事実を強く心に刻みつけもする。ツアンポー峡谷における単独行は、必ず生きて帰らなければならないという感覚を、これまでの登山や探検よりもはるかに強く私にもたらした。

いつ終わるとも知れない、本当に終わりがあるのかどうかすら自信が持てない状況の中、ただひたすら単調に前に進む。先が見えない分、先を急ごうというあせりもほとんど生じない。ある意味、ただ生きて動いているだけで、死なないことが日々の課題だった。

ギャラを出発してから一三日間の苦闘の末、私は空白の五マイルの入り口に到着した。目の前には高さ一〇〇〇メートルにも及ぶ巨大な岩壁が立ちはだかっていた。はるか上では白く雪をまとった岩の稜線（りょうせん）が険しい山頂に続いており、足元ではツアンポー川が雄たけびをあげながら、その岩壁に激しくぶつかっていた。その巨大な光景を目の前にして、私は自分が象の背中に迷い込んだアリのように、なんだか不相応な感じがした。少なくともここは、たったひとりでは来てはいけない場所のようである。

今回の旅が成功するかどうかは、この壁を突破できるかどうかにかかっていた。この壁を川沿いに進めば、約二キロ先で高さ二二メートルの虹の滝が現れる。キングドン＝ウォードは一九二四年、この岩の基部を川沿いに進んで虹の滝の上に到達し、稜線まで続くわずかな灌木(かんぼく)を手がかりにこの岩壁帯を越えた。私は彼と同じルートを取り、ここを突破するつもりだった。この岩壁を突破できれば、その先はもう空白の五マイルである。空白の五マイルは前回の探検でどんな場所か分かっている。空白の五マイルは私にとって空白ではない。この岩壁部分さえ越えられれば、ギャラからザチュまでツアンポー峡谷を踏破するという壮大な旅は、かなりの確率で成功させられるはずだ。

それほど問題ではないだろう。

私はそう思っていた。ろくな登攀技術も便利な登山装備もない八五年前の探検家が、重い荷物を背負ったポーターとともに越えたところなのだ。私のこの旅はちっぽけな単独行ではあるが、当時とは比べ物にならないほど軽量化され、便利になった装備や食料のことだけを考えても、科学技術や産業の進展によりもたらされた成果を存分に享受している。

しかし懸念がないこともなかった。キングドン＝ウォードに遅れること六九年、次にこの岩壁に到達した一九九三年のイアン・ベイカー隊はそこで行きづまり、虹の滝に到達できていなかった。

私たちはその張り出した岩壁帯を越えようとした。（中略）川を下るためあらゆることを試したが、結局、峡谷の斜面を上のほうに登っていくしかなかった。濡れて絡み合ったシャクナゲの中に細い尾根を見つけ、それをたどった。真下の岩壁は霧と深いヤブの中に落ち込んでいる。クライミングロープを使って、雪崩が起きそうな不安定な谷を横断したが、ツアンポーに下りる道は見つからなかった。（『世界の中心』）

イアン・ベイカーは空白の五マイルに入ることに固執したが、それでもこの岩壁を越えられず、そのまま少し南にある峠を越え、その先にあるルクの村に向かった。同様に二〇〇二年二月にスコット・リンドグレンという米国人が率いる国際隊が、ギャラから空白の五マイルの手前までカヌーでツアンポー峡谷を下ったが、彼らもこの岩壁に到達した時、キングドン＝ウォードのルートをたどらず、イアン・ベイカーとほぼ同じルートでルクにエスケープしている。もし空白の五マイルを目指すなら、キングドン＝ウォードのルートをたどるのが最も合理的だ。イアン・ベイカーやリンドグレンのようにルクへ向かう峠に登ってしまうと、その北にある大きな雪山にさえぎられ、空白の五マイルに向かうのは難しくなる。なぜキングドン＝ウォードが越えられたこの岩壁を、軽量化された装備や登山技術を持っている現代の探検隊が越えられなかったのだろうか。リンドグレンの隊では、二九歳の登山家がテクニカルなクライミングを担当していたはずなのに。

しかし実際に岩壁の目の前までやって来た時、私はその疑問に対する答えをまざまざと見せつけられた。その日は朝から大雨となり、白かった岩があっという間に濡れて黒くなった。昨日まで機嫌のよかった岩壁は、朝起きるとひどく無愛想な表情に変わっていた。一メートルほどの岩が転がる濡れた川原を慎重に歩き、数百メートルほど進んだ時、私は自分の目を疑った。

川は強い傾斜のまま激しく下り、左にカーブを描いて視界から消えていた。そのカーブのあたりで川沿いの崖が崩壊し、オーバーハング状にえぐれていたのだ。岩の下ではツアンポー川の波が砕け散っていて、恐怖心をあおるには十分な光景だった。あのハングを越えるには高度なフリークライミング能力と、それを可能にするラバーソールのシューズ、ロープで確保してくれるパートナー、乾いた壁、それらがない場合は大量の登攀具か、もしくは死んでもいいやという自暴自棄な突撃精神のいずれかが必要だった。だがあいにくなことに、この時の私にはそのどれひとつとして持ち合わせがなかった。たとえそこを越えたとしても、その先には濡れてつるつるに光っている石灰岩の岩壁がツアンポー川の激流に切れ落ちていた。

行けないじゃん……。私は力なくつぶやいた。

こんな旅を続けていると、こうしたひとり言がどうしたって多くなる。空の灰色は濃さを増し、雨が強くなってきた。キングドン＝ウォードには申し訳ないが、彼があのハング帯を越えられたとはちょっと思えない。私は一九五〇年に起きたマグニチュード八・五というアッサム大地震のことを思い出した。キングドン＝ウォードがたどったルートは、おそらくその地震で崩壊してしまい、彼の探検の栄光とともにすでに伝説となってしまっていたのだ。

川沿いから突破するのはあきらめ、ルクへと向かう峠に登らなければならない。私はすぐに計画を変更した。強い雨がその決断を後押しした。この雨はいつまで降り続くのだろうか。七年前の単独探検の時も含めて、私の長い冬のツアンポー峡谷の経験の中で、二日間ずっと雨が降り続いたことはこれまでなかった。おそらく明日にはやむだろう。なるべく雪が少ないうちに峠にたどり着けば、峠のある尾根を北に向かい空白の五マイルに入り込むことができるかもしれない。急ぐ必要があると思った。

明瞭な獣道を見つけ、それをたどって深いヤブの中に忍び込んだ。雨はさらに強くなってきた。激しいヤブこぎを続けると、雨具はその防水能力のほとんどを失い、水が中までしみこんできた。だが明日にはやむはずだ。しばらく登ると雨は湿った雪に変わり、パンツの中までびっしょりと濡れた。歩いていても寒くて震えが止まらない。日本の冬山で何度も凍傷にかかり血行が悪くなっていた足先は、この寒さであっという間に感覚がなくなった。これだけ濡れれば衣服を乾かすには大きなたき火が必要だ。木が芯まで濡れてしまう前に火をおこさなければならない。川から約六五〇メートル登った標高二八五〇メートル付近に、わずかに雨を避けられる岩陰があったので、一〇〇円ショップで買ったレジャーシートを屋根にして火をおこした。これで大丈夫だろう、雨は明日にはやむに違いないのだ。

しかし、その明日が来ても雨は降りやまなかった。足の状態も昨日よりひどくなり、甲から先の感覚が完全になくなった。まるで自分の体とは別の何かの塊のようだ。こんなところで凍傷になり峠を越えられなくなったら、大変なことになる。近くに水が流れていて、乾いた枯れ木がある、そんな理想的な岩室はないだろうか……。ありもしなさそうなことを妄想しながらシャクナゲのヤブをかき分けていると、本当に数人は泊まれそうな岩室に行きあたった。はじっこには都合よくちょろちょろと水が流れており、少し歩くと焚きつけに使えそうな巨大なシャクナゲの倒木があった。幸運にも数日間は持ちこたえられそうな避難所が見つかったのだ。

岩室に入るとザックを放り投げて、空を見上げた。寒さによる震えで歯がガチガチと鳴っていた。濃いガスが谷底まで下り、視界は二〇メートルくらいしかなかった。峠の様子はさっぱり分からなかったが、この二日間の悪天候で、相当な雪が積もったのは間違いない。残っている食料は一週間分、食いのばして一〇日ほどだろうか。ギャラを出発してすでに二週間が経っていた。これまでだって十分な量を食べてきたわけではない。一日一〇〇〇キロカロリーほどの食事で、五〇〇〇キロカロリー分の行動は続けてきたはずだ。体内の脂肪分などとうに失われていた。

地図を広げると、その中には私を不安にさせる要素がぎっしりと詰まっていた。峠の直下はかなり傾斜がきつそうだ。ピッケルもアイゼンもないのに、こんなところを本当に越えられるのだろうか。峠はどんなところだろう。つるつるに氷化していたら、どうやって登ればいいのだろう。かなり雪が積もっているに違いないが、雪崩は起きないだろうか。それに食料は足りるのだろうか……。

それにしても寒かった。生木を伐採し、それを火にくべた。標高は二八五〇メートル、普段なら雨が降るはずの高度なのに雪がしんしんと降り続いていた。「この冬一番の寒波」というやつが、考え得る限り最悪のタイミングでやって来た。この悪天候はいつまで続くのだろう。こうしているうちにも峠には大量の雪が降り積もっているに違いない。

ギャラの男ともうひとりの若者のことを思い出した。途中まででも彼らと一緒だったら、ここまで来るのにきっと半分ぐらいの日数しかかからず、おそらく私は雪が降りだす前に空白の五マイルに抜けることができていたはずだ。しかし、もはやそんなことを言っている場合ではなかった。もうギャラに戻れるだけの食料はない。斜面が凍っていようが、雪崩の危険があろうが、なんとしてでもこの峠を越えてルクに行かなければならない。

この時から私の目標は、空白の五マイルを突破することから、なんとか生きのびてツアンポー峡谷を脱出することに変わった。

第三章　二四日目

翌朝、岩室の中で目が覚めると、まだ雪が降っていた。シャクナゲの上の積雪が厚さを増している。最悪だ。ガスは相変わらず分厚く、視界は全然きかない。ときおり視界が良くなると立ち上がって峠のほうを見上げたが、上までは見えなかった。本当にツアンポー峡谷を脱出できるのだろうか。不安はつのるばかりだった。

悪天候の原因が、ツアンポー峡谷では経験したことがないような寒気にあることは明らかだった。寒気がいつ抜けるのか分からず、晴れることなど永遠になさそうに思えた。昨日、一日で茶碗（ちゃわん）一杯分もの食事をとったことを後悔し、この日は茶碗半分の量に制限した。残った食料を計算すると食いのばしてもせいぜい一〇日分、やはりギャラまで戻ることはできない。どんなに雪が積もっていても、雪崩や滑落の危険があっても、生き残るにはルクへ向かう峠を越えるしか選択肢は残されていなかった。そして、そのことならもうすでに一〇回は確認していた。

シャクナゲの生木を伐採し、火をおこした。使えそうな生木もほとんど切ってしまったので、たき火にくべる薪も制限しなければならなかった。寒いので寝袋に入ると、ギャラで食べたチャパティと豚の背脂のことが頭に浮かんだ。豚の背脂が食べたかった。脂質が決定的に不足していたのだろう。もう二週間以上もアルファ米、つまりお湯で戻したコメの乾物しか食べていないのだ。気を紛らわすため、一冊だけ持ってきていた本をまた読み返した。もうセリフも覚えていた。

改善の兆しが見え始めたのは、天気が悪くなり始めて四日目の夕方のことだった。寒気が突然ひいて、冬のにおいのようなものがしなくなった。まだ小雪は舞っているが、明日は晴れるかもしれない。一二月二〇日、朝起きると積雪はさらに一〇センチほど増え、相変わらず視界はよくなかった。それでも晴れるかもしれないと思い火をおこしていると、長い間どっしりと腰をおろしていた周りのガスが、突然みるみる上がり始めた。対岸の森に日が差し、はるかかなたにある五〇〇〇メートル級の山がくっきりとその輪郭を現した。急いで朝食を腹に詰め込み、岩室に少し感傷的な別れを心の中で告げると、私は峠を目指して外に飛び出した。

地面には数日前には想像もできなかったほど白く雪が積もっていた。だが空は晴れ渡っていた。一番手前の谷に下りた後、私は峠に向かっていそうな比較的大きな尾根を登り始めた。雪は深く、その雪は時間が経つにつれ直射日光で解けて中の衣服まで濡らした。一〇分に一回ぐらいの割合で毛糸の手袋をしぼると、教室の雑巾みたいに汚れた水があふれ出た。シャクナゲはいつものように壁みたいに密生し、それが仕事だといわんばかりに行く手をさえぎった。足は相変わらずすぐに血が通わなくなり、感覚がなくなった。それでも気分が悪くなかったのは、空に太陽があるからだった。

標高三二〇〇メートルを越えると尾根の傾斜がゆるくなったので、そこを幕営地とした。雪の上に自分の太ももくらいの大きさはありそうな枕木を何本も並べ、その上で巨大なたき火をおこした。直径一〇センチ以上ある太い薪を次々と放り込むと、服はからからに乾き、足には血が通った。

翌日も好天は続いたが、峠に近づけば近づくほど雪の量は増した。やはりこの四日間で相当な量が積もったらしい。私は太ももまで、時々腰まで雪に埋まりながら進んだ。積雪量は推定で三メートルほどだろうか。これまで散々苦しめられたシャクナゲの木々も、枝の先っぽしか顔を出していない。雪が積もったばかりで柔らかいので、体が沈まないように、下にシャクナゲが生えていそうなところを踏みつけて登った。深い雪を苦労してかき分けながら進んでいると、目指す峠が見えてきた。後ろを見渡すとギャラペリやサンルン、その周りの名前も知らない山々が神々しくそびえていた。これまでなるべく控えていた行動食をこの日は一度に大量に食べた。峠を越えさえすれば、あとは村まで下るだけ、今日が勝負の日だと思っていたのだ。それが勘違いだったと分かるのは、一週間近く経ってからのことだった。

標高三六九二メートルのその峠に着いたのは、一二月二一日の午後一時半ごろだった。風も音も、雪以外は何もなかった。深く積もった雪は完璧に地肌の凹凸を覆い隠し、強い日に照らされたあたり一面の山々は、白い陶磁器みたいな雪山独特の光沢を放っていた。ここから四〇〇〇メートル以上ある雪と岩の稜線を北へ縦走すれば空白の五マイルに行ける。だがその選択肢はもうあり得なかった。ルクの村に下りて食料を調達しなければ、その先にあるザチュにたどり着くことはできそうもなかった。

峠で靴下を脱ぎ、太陽のもとで両足を三〇分ほど入念にもみこんだが、血行は戻らなかった。今日はなんとか雪のないところまで行かなければならない。そう思い目の前の谷を下り始めた。

ギャラを出発してから一八日目、私はついにツアンポー峡谷の核心部を離れた。おそらくこの先にはルクの猟師が使っている踏み跡がどこかにあるはずだ。もう本当に悪いところは越えたのだ。そう思っていた。村には三日もあれば着くだろう。

だが峠を越えてその三日が経った時、私はまだルクまでの距離の半分ぐらいしか来ていなかった。峠を下りても進むスピードは一向に上がらなかったのだ。

峠を下りた日のビバークはひどいところだった。その日は夕方近くになって、ようやく雪のない灰色の岩に覆われた谷に下り立った。しかしそこは狭く切り立った、凍った滝の連続する悪い谷だった。下るうちに滝には水が流れるようになり、ロープを伝って再び全身がずぶ濡れになった。下りても下りても幕営できそうなところは見つからず、疲労から集中力がなくなり、半分凍った小さな滝で数メートル滑り落ちた。腰を強く打ちつけ、ふらふらになったところで日が暮れ、私はその寒い谷の真ん中の大きな岩陰に転がった。薪も手に入らないので、濡れた寝袋とツェルトにくるまり、がたがたと震えながら一晩を過ごした。

翌朝、少し下った日当たりの良いところで靴下を脱いでみると、足の甲から先は真っ白で生気がなかった。爪でごりごりとこそぐように血を足先に通わせ、一時間ほどでようやく指が赤くなった。血が通いだすと今度は指がむくれ、凍傷ではがれかかった親指の爪が靴に当たり、歩くとひどく痛んだ。

ヤブに入っても期待していた猟師の道など見つからなかった。時々、木にナタの切り目が入っているのが見つかったが、色のかすんだひどく古いものばかりだった。おかしい……。村があれば猟師が山に入っているはずだ。それなのに、なぜその痕跡がすべて古いのだろうか。踏み跡が使われなくなってから、相当時間が経っているのだ。もしかしたらルクは廃村になっているのかもしれない……。

その予想はすでにこの時からあった。というのも七年前に来た時、ルクから峠を隔てた北側にあるバユーやアシデンといった村の住人が、中国政府により移住させられていたのを知っていたからだ。ひょっとしたらルクにも人はいないのかもしれない。いなかったらザチュまで今の食料で到達できるのだろうか。少なくともしっかりとした道がなければ無理ではないだろうか。峠を越えてから、私の最大の関心はルクに人が住んでいるのかどうかということにあった。

今考えると、この頃から私の体の状態は疲労を通り越し、衰弱の域に入っていたと思う。ギャラを出発してから、すでに二〇日が経っていた。朝食を食べて、出発してから一時間半ぐらいは普通に動けるのだが、それから急に疲れが襲ってくる。疲れというより、エネルギーが足りなくて体を動かすことができないという感じだった。斜面に傾斜が出てくると四つんばいにならないと登れないし、倒木に足先が引っ掛かったら、手で足を持ち上げなければならなかった。しかも大きな声で気合いを入れながらである。大声を出すことにも少し疲労を感じた。

体の中に蓄えられていた脂肪が、ついに完全に燃え尽きたのかもしれなかった。だとしたら驚きだった。そんなものはとっくになくなったと思っていたからだ。たくましかったはずの太ももはモデルのように細くなり、肋骨は見事に浮き出て、なでるとカタカタと乾いた感触が手に残った。体力とともに集中力もなくなり、必須装備であるコンパスをどこかで失くしてしまった（もちろん食器やカメラバッグなど、小物は他にもいろいろと失くしていた。ザックにはたき火の不始末で直径二〇センチほどの穴があき、ガムテープと糸で補修していた）。これからは地形や川の向きでどっちに進むかを判断しなければならない。もはや注入したエネルギーの分しか体は動かなかった。人間なんて所詮、有機物でできたあまり性能のよくない機械にすぎないらしい。燃料が尽きたらおしまいだ。胃袋は完全にスポンジ状態になっており、コメを入れたらすぐに消化して、そしてすぐに空になった。体重は何キロ減っただろう、体重計を持ってくればよかった……。

一二月二四日、ルクまでもう少しというところをさまよっていたが、一〇万分の一という縮尺の大きな地図では判別できないような小さな尾根や谷が入り組み、私は正確な現在位置がよく分からなくなっていた。尾根が出てくるたびに、あそこを越えたら村があるはずだと思いながら、何度も裏切られた。どこまで進んだらルクに着くのだろう。そんなことを考えながら、私はその時、すでに尽きてしまった行動食の代わりにアルファ米を水でもどしていた。そして、それを地面にこぼしてあたふたしていると、突然イヌが吠(ほ)えたのが聞こえた。

村がある！　鳴き声はかなり近くから聞こえたような気がした。やはりルクに村人はいるのだ。だが喜ぶのはまだ早い。自分の衰弱した体の状態を考えたら、幻聴の可能性もある。沙漠で死ぬ寸前の旅人がよく見る、例のあのオアシスの蜃気楼(しんきろう)のようなものかもしれない。そう思い直した瞬間、今度はウィーンというエンジン音が聞こえてきた。

オートバイのエンジン音だろうか。しかし車道もない山奥の村で、オートバイに乗るやつはいないだろう。チェーンソーだろうか？　いずれにしても人間が住んでいるらしい。もう少しでルクに着くはずだ。高ぶる気持ちを抑えながら、私は地面に落ちたコメを一粒一粒大事に拾った。

翌日、期待に胸を高鳴らせながら、私はかなり大きな尾根の上を目指して登っていた。地図を見る限りでは、その尾根の向こうに村があるはずだった。うっそうと生い茂る背丈の高い草をかき分け、息を弾ませながらその尾根の上に達した瞬間、私はついにルクにたどり着いたことを知った。

村だ……。

尾根の向こうの緑に覆われた草の中には、二〇軒ほどの人家が二カ所に分かれて立っていた。しかし村を見渡した時、同時にそこには誰もいないことも瞬間的に分かった。道もないし、耕地もなく、村全体がうっとうしい緑にのみ込まれていた。人家はいずれも幽霊屋敷のように崩れかかっていて、廃墟そのものといった感じだったのだ。

ウオーホーッ！

ひょっとしたらいるかもしれない誰かに向かって、甲高い大声を出して呼び掛けてみた。深い谷間に叫び声がむなしくこだました。返事はなかった。

それでもこの時、村に人が住んでいないことに、私はそれほど落胆を覚えてはいなかった。実は尾根にあがった時、ツアンポー川の対岸に別の村があるのが見えたのだ。ルクはひと目で人が住んでいないことが分かったが、対岸のその村には耕地が広がり、家の屋根は最近この地方で流行（はや）っているトタンに張り替えられていた。犬の鳴き声もエンジン音も、この村から聞こえたものに違いない。地図を見るとガンデンという名前の村だった。

ツアンポー川は空白の五マイルの手前で北向きに流れを変えて、大屈曲部の頂点であるザチュのあたりで屈曲し、南下する。私は空白の五マイルの直前でツアンポー峡谷を離れ、ルクに向かう峠を越えて、そのまま東に進んできた。そしてこのルクのあたりで頂点から南下するツアンポー川に再び行きあたり、そのツアンポー川の対岸にガンデンの村があったのだ。

ルクに人がいるものだとばかり思っていたので、この日は途中の沢で水をくんでいなかった。というかペラペラのプラスチック製の容器に穴があいてしまい、水の持ち運びができなくなっていた。もうこの日は、対岸に見えるガンデンまで行く体力は残っていなかった。ルクの廃村に倒壊の恐れのなさそうな、まだしっかりした家があったので、そこに泊まることにした。扉を開けると、屋根にあいた穴からは重い灰色の空が顔をのぞかせていた。目の前には使い物にならなくなった寝台があり、天井からクモの巣がぶら下がっていた。壁には子供たちのいたずら書きがあり、奥の茶の間には土を固めたかまどがあった。昔泊まったジェヤンの家と同じ構造だった。

水がないので、この廃墟の中で何も食べずに横になった。といっても眠ることはできなかった。たしかに対岸のガンデンに行けば人がいるのは間違いないだろう。地図を見ると、ルクから八〇〇メートルほど下ればツアンポー川に着き、そこに橋があるらしい。その橋を渡ればガンデンまで行くことができ、私は生き残ることができるだろう。しかしそれでも私は不安だった。本当に橋はあるのだろうか、と。

今回の旅は私の予想通りにことが運んだことは一度もなく、ツキに見離されたような出来事が連続している。身から出たさびとはいえ、行く先々の村では住人に同行を断られ、峠越えではひどい寒波に見舞われ、ルクには誰もいなかった。当局がこのあたりの村人を移住させた理由は、たしかツアンポー峡谷一帯の自然生態系を保全するとかいう名目だったはずだ。ツアンポー峡谷の内側に住む人たちを追い出した目的が、長い時間をかけてそこの自然を原始の状態に戻すことにあるのなら、外から人が入れないようにするために橋を壊すということもあり得る。

ひょっとしたら、橋はもうないのではないだろうか。

橋があるのかないのかという問題は、私の命に直結していた。寝袋の中で展開させたこの推測は、自分でも比較的、論理的な説得力があるような気がした。不安で心臓の鼓動が速まり、興奮の度合いが高まった。

明日、すべてが分かるのだ。

一二月二六日、興奮して眠れないので、暗いうちに寝袋から出て準備を始めた。水がないので何も食べず、ザックに荷物を詰め込み出発した。廃墟の周りに自生したイバラのとげには釣り針のような返しがついていて、服の上からでも私の皮膚を傷つけた。三〇分歩いただけで、もうだめだとへたり込んだ。ヤブを乗り越える体力が残っていないのだ。体が動かず、腰が砕けて、地面にへたへたと座り込み、少し休んでは立ち上がり、歩いてはまた座り込んだ。やむなくアルファ米の入ったジップロックを開けて、むしゃむしゃとそのまま食べた。だが一合ほど食べて後悔した。コメは見た感じ、あと三合ぐらいしか残っていなかった。橋がなければ、この残された食料でザチュまで行かなければならないのだ。

地図には橋に向かって下りていく道が描かれていたが、そんな道などどこにもなかった。もし橋があるのなら、それに続く道がないのはなぜだろう。状況は私が望んでいる方向に向かっていないような気がした。しばらく下りると、ヤブの斜面からマツの林に変わり、視界が開け、何百メートルか下にツアンポー川が青く流れているのが見えた。橋があるのなら、まず対岸にコンクリートか石積みの橋脚が目に入るはずだ。首をのばし、見える範囲のところを血眼になって探した。対岸は険しい岩壁になっており、そうした人工物があればすぐに分かるだろう。しかしそんなものはどこにも見つからなかった。地図で橋の印がつけられているところがどこかは分かったが、橋脚はそこにはなかった。

心臓を打つ音が鐘の音のように強まった。生き残る可能性がいく分減った気がして、少し悲しくなった。下流の様子もかなり見渡せたが、水墨画みたいな雄大な峡谷の風景が続いているだけだった。そんなものはもうこりごりだった。再び斜面はヤブに変わり、視界が閉ざされた。

だが先ほどのマツ林からは、まだ川の様子の半分くらいしか見えなかった。対岸の様子を眺めると、もう少し上流側のほうが傾斜がゆるくなっていて、村まで登りやすそうに見える。村への道はあそこにあるのではないだろうか。だとしたら橋もそこにあるはずだ。そうだ、橋はきっともう少し上流にあるのだ。上流の様子が見えさえすれば、すべてが終わるのだ。

そう思い直し、上流側にある小さな尾根を目指して私はヤブをかき分けた。一歩一歩斜面を下りるたびに、緊張感で息がつまりそうな胸苦しさを覚えた。答えを早く知りたいが、それが怖かった。死刑かどうかという判決を受ける被告の気持ちが分かったような気がした。違うのは私の責任が犯した罪のためにあるのではなく、自分の行動の帰結としてあることだ。下りるに従い、手の届きそうなところに川が近づいてきた。目の前の小尾根を越えれば、橋があるかどうかが分かる。緊張感で下腹部のあたりが、ぎゅっとしめつけられた。恐ろしい瞬間が近づいてきた。

私は最後のヤブをかき分けた。小尾根の上に飛び出すと、そこからはツアンポー川の様子が、はるか上流まで見渡せた。白い石灰岩の岩壁に囲まれた中を、川はとうとうと流れていた。どこかの観光パンフレットにでも使えそうな美しい景色だった。だがそこに私の望んでいたものはなかった。何度も何度も確認したが、橋はなかったのだ。

そんなバカなことがあるものか、村は目の前にあるのだ、橋はなければならないのだ。甲高い大声を、ガンデンの村に向かって何度も叫んだ。だが村は一〇〇〇メートル近くも川から上にあり、どんなに必死で叫んでも私の声が届く距離ではなかった。それは分かってはいたが、でもおかしいじゃないか。日本語でも叫んでみたが、返事は聞こえなかった。イヌすら吠えてくれなかった。

私はそれまでの登山や探検で雪崩や滑落に遭い、完全に死んだと思って生き残ったことが二度あった。ほかにも雪崩で死にかけたことが二度ある。いずれも自分の経験不足や無知が引き起こしたアクシデントであったが、原因が自分のミスであろうが不可抗力であろうが、それが修羅場であることには変わりない。正直いって何度も死神と鼻を突き合わせていると、死ぬかもしれないということに対する懐が普通の人よりは深くなる。生と死の境界線上に立たされた時、私は比較的冷静に事態を受け入れ、混乱せずに対応できる自信があった。

しかしそんな自信など嘘だった。本当に死ぬかもしれない……。そう言葉に出してつぶやいた時、私は思わず泣きそうになっていた。滑落や雪崩といった突発的なアクシデントだと、認識が事態の急激な変化に追いつけないため、恐怖や不安を感じる時間的な余裕がない。だが今回は真綿で首を絞められるみたいに状況がじわじわと悪化したため、ついに土俵際に追いつめられたと実感せざるを得なかったのだ。

どうしたら生きのびることができるのだろうか。橋がないのだから、当初の目的地であるザチュに向かうしか選択肢は残されていない。だがルクの廃村まで来た時、私には分かっていたのだ。ザチュまで行くことは、もう不可能なのだと。ルクやバユー、アシデンから村人がいなくなり、もはやずいぶんと時間が経っていた。村々をつないでいた山道はその年月の間にひどく荒れ、失われてしまったことを、私はルクに来るまでに思い知らされていた。道があればザチュまで四日で着くだろう。しかし道がない今、へたをすれば一〇日はかかる。三合のコメで一〇日間、しかも体は衰弱しきっている。そんなことは無理なのだ。ザチュを目指せば、かなりの確率で野垂れ死にするに違いないのだ。

もしかしたら見落としたものがあるかもしれない。もう一度下流部を見てみようと思い、川の様子をちらちらと横目で確かめながら獣道を進んだ。不安で体が強張り、全身から脂汗がじわっとにじみ出てきた。地図で橋があるはずの場所に来たが、やはり橋はなかった。ヤブをかき分け斜面を登ると、下流部が見渡せたが、そこにも橋はなかった。どこにもかしこにも橋はなかった。地図の中にしかそれは存在していなかった。

私は絶望的な気分で川を見下ろした。激流が続くツアンポー峡谷もこのあたりだけ波すら立てず、トロ場のような流れが一キロくらい先まで続いていた。自暴自棄な気持ちになり、泳いだほうがましじゃないかとすら思えた。そしてそのひらめきに思わず立ち止まった。

泳いだほうがましじゃないのか？

泳ぐという考えはその時まで思いつきもしなかったが、一度頭をかすめた途端、それは生きるための魅力的な選択肢として、強く目の前に浮かび上がってきた。川幅は目測で五〇メートルから七〇メートル、いらない装備を捨て、ザックの中に膨らませたビニール袋を詰めて浮き袋がわりにすれば、泳ぎ切れるのではないだろうか。一〇日かけてザチュに向かうのと、今ここでツアンポー川を泳ぐのと、どちらが生き残れる可能性が高いだろう。私は真剣に検討し、そして決断した。ツアンポー峡谷を泳いで渡った人間はこれまでいただろうか。だが泳ぐしかない。悲壮な決意でそう覚悟を決めた、その時だった。

それを見つけた瞬間、私は驚き、思わず力強い声で叫んだつもりだった。それなのに、体の力が抜けたせいで、上下に震えた情けない声しか出なかった。

リューソーだ……。

足元の崖のはるか下に、黒くて細い線が二本、川の向こう側とこちら側をつないでいた。中国語でリューソー、つまりワイヤーブリッジがそこにあったのだ。あの少したわんだ、か細い線は、私にとってまさに命をつなぐ蜘蛛の糸だった。緊張から解放され、腰が抜けそうになり、危うく崖から川に転落しそうになった。死の不安から解放された時、人間というのは腰を抜かしそうになるということを、私はこの時初めて知った。

足元の岩壁をロープで下ると、腰のハーネス（安全ベルト）が胸までずり上がってきた。やせすぎていたのだ。川岸に下りると直径三センチくらいの鋼鉄製ワイヤーが岩壁に固定されていた。七年前の旅でいやになるほど渡ったことがあったので、ワイヤーブリッジに対する恐怖感はなかった。ただあの時、村人から借りていたごつい鉄の滑車は今はない。ザックからロープをひっぱりだし、ワイヤーを通してぐるぐる巻きにし、そうやって何重にもした輪っかを三つ作り、胸と腰のハーネスにつなげた。摩擦で切れないように、たまたまロープの保護用に持ってきていた土嚢（どのう）の生地を、ワイヤーとロープの擦れる部分に巻きつけた。

体を預けるとワイヤーブリッジは不気味なきしみ音をたてながら大きくゆれた。一本の細い線にぶら下がる人影が、他人事（ひとごと）みたいに青い川面（かわも）に映った。体とワイヤーをつないでいるロープが切れないか注意しながらゆっくりと渡り、一時間後ようやく対岸の岩に足が着いた。よろよろと砂地を歩き、奥のほうにあった洞穴に力なく転がった。もうその日は動く気力が残っていなかった。

ガンデンには翌朝向かった。川からは道幅が五〇センチもある、ヤブに覆われていない山道が続いていた。しばらく人間が歩く道を見ていなかったので、ブルドーザーでも使ったみたいに立派に見えた。三時間ほど登ると、色とりどりにはためくタルチョが遠くに見えた。小屋があり、木には白くてまだ新しいナタの切り目が見つかった。イヌが大きく吠えた。人間の生活がもうすぐ近くにあるのが分かり、変な感動がこみ上げてきた。

向こうのほうでヤブが、ガサッとゆれた。きっと誰かがやって来たのだ。いったい何を話しかければいいのだろう。もう何日も人間と話していないのだ。

汚れた顔をした三人の子供が道の向こうから姿を現した。少し緊張し、私はぎこちない笑顔で手を振った。三人から照れ笑いが返ってきた。

一二月二七日、私はツアンポー峡谷から脱出した。ギャラを出発してから、それは二四日目のことだった。

エピローグ

乾いた破裂音が夜明け前の村に響いた。窓から顔を出すと、薄い煙と火薬のすえた臭いが漂っていた。宿の周りで、子供たちが道を歩きながら爆竹を放り投げている。そうだ、そういえば今日は元日だった。

インド国境近くにあるツアンポー峡谷の村メトと、東チベットの大きな町ポミとをつなぐ道路沿いに、ヤオリンパと呼ばれる小さな集落がある。私の二〇一〇年はそこで幕を開けた。命からがらたどり着いたガンデンの村から南へ歩いて三日、ヤオリンパに到着したのは一二月三〇日のことだった。ヤオリンパとは中国語で「一〇八」、つまりこの集落の名前は道路の起点であるポミからの距離を示しているにすぎない。集落の様子も、その名前に負けないくらい面白みに欠けていた。泥まみれの車道に沿って雑貨屋と食堂を兼ねた宿が数軒あるだけで、道路工事のショベルカーや荷物を運ぶトラックがエンジン音をけたたましく響かせていた。要するにこの集落はチベットというより、どこの国にもある輸送道路の中継地点にすぎなかった。

一月一日のその日は、この集落で迎えた三日目の朝だった。私はヤオリンパで、ここに来るという男たちを待っていた。本当は昨日来るはずだったのに、車道が不通になったとかで来られなかったのだ。午後になっても男たちは来なかった。今日も来ないのだろうか。なぜか彼らのことが待ち遠しかった。そう遠くない将来、自分に下される処分の結果を早く知りたいだけだったのかもしれない。日が暮れる直前、アムドから来たという宿の主人の甲高い声が、ようやく家の中に響いた。「おう、日本人！　来たぞ」

暖をとっていたかまどから離れて外に出ると、ランドクルーザーを真似(まね)したとしか思えない中国製の四輪駆動車が泥道の真ん中に止まっていた。車から赤いジャンパーを着た男が降りてきて、お前が例の日本人かとたずねてきた。すでにまとめてあった荷物を取ってくると、男からパスポートとカメラを渡せと言われた。もうひとりの若いほうが、早く、早くと私を急(せ)かした。荷物を車の荷台に押し込み、後部座席の白いドアを開けると、そこには大きく青い文字で「公安」と書かれていた。

私はこれから取り調べを受けるため、コンボ地方の中心都市である八一(パーイー)の警察署に連行されることになっていた。未開放地区であるツアンポー峡谷に入り込んだこと、そしてなによりインド国境沿いにあたるメト県に、なぜ私がいたのかを彼らは知りたがっていた。

その五日前、ツアンポー峡谷をなんとか脱出し、命からがらガンデンの村にたどり着いた時、私は最初に現れた古い民家に立ち寄った。家では三人の男が庭で材木を切っていた。大きなザック、赤い登山靴、ぎょろっとした目玉に黒いひげ、へたくそなチベット語を話すチンドン屋のような男が現れて、彼らはあからさまに怪訝(けげん)な顔をした。警察に通報されないよう第一印象を大事にしようと思っていたのに、どうやら失敗したらしい。村に到着する前、最初の会話を想定し、仲良くなれるように頭の中で何度も練習していたが無駄だった。

「すいません。お腹(なか)がすいてるんですが……」

家の中に案内されると、年寄りがツァンパとバター茶、饅頭(まんじゆう)にグルタミン酸系調味料がたっぷり入った野菜のスープを出してくれた。遠慮なく苦しくなるまで腹に詰め込み、げっぷをすると家の人から何人で来たのかと訊(き)かれた。

「ひとりです」と私は言った。「ギャラの村から来たんです」

男のひとりが眉をひそめ、みんなでぶつくさ言いだした。ギャラという地名を彼らは知らなかった。下流に一日歩いたところにあるジャラサという村から来たと勘違いしていたが、どうでもいいのでそういうことにしておいた。腹を満たすと急にタバコが吸いたくなった。久しぶりに煙を肺に吸い込んで体と心を弛緩(しかん)させ、生きるか死ぬかという緊張感から解放された心地を楽しみたかった。

タバコはないかとせびってみたが、その家の人たちは持っていなかった。村に店がないかとたずねると、ひとりが上のほうを指差して何か言った。どうやら村の上に雑貨屋があるらしい。村の細い道をゆっくりと登り、その店を目指した。村は母屋の建て替えラッシュで、たくさんの人がチェーンソーで木材を切って新しい家を建てていた。何人かに店の場所をたずねると、みんなもっと上のほうだと教えてくれた。だが指図通りに道を登り切り、村の一番高いところまでやってきた時、そこが自分の来てはいけない場所であることを知った。白いコンクリートでできた大きくて無機質な建物の屋根には五星紅旗がひるがえり、入り口の両脇には中国のどの町でも見かける人民政府、人民武装部、共産党委員会、人民代表大会の四つの看板が掛かっていた。

こんな山奥の小さな村にも役所があるのか……、帰ろう。そう思った瞬間、出会った男が最悪だった。日焼けした黒い顔に詮索好きそうな丸い目、背が低くて太り気味の体、そしてそれを覆い隠している紺色の制服には「公安」のワッペンが誇らしげに縫いつけてあった。その男は私からするとこの国の権力のすべてを象徴していて、とても友達にはなれそうになかった。警官はすれ違いざま私の姿を上から下にゆっくりと見回し、赤くて派手な登山靴を見た瞬間、歩みを止めた。

「あんたどこに行くんだ」

中国語で訊かれたのに、やや動転していた私はチベット語で答えてしまった。

「この先の雑貨屋に行くんです。タバコは……売ってますかね？」

普通、中国本土から来た漢族の旅行者なら、中国語で訊かれてチベット語で答えるわけがない。東京の人が標準語で質問されて沖縄の言葉で答えないのと同じである。

「あんた漢族か」

「いやあ、タバコを買いに行くんですけど……」

この小太りの警官の態度は立派で、自分に課せられた職務を忠実に果たそうとしていた。意気込みのようなものが感じられた。この辺境の山村に赴任して以来、ひょっとしたら初めての職務質問だったのかもしれない。

「漢族かって訊いているんだ。身分証を見せろ」

やむなく日本人ですと中国語でつぶやくように答え、パスポートを手渡した。

「おーい、日本人だってよ」

珍しい生き物を捕まえたぞといった感じで警官が声を上げると、役所の人たちが五、六人、どーっと私の周りに群がった。名前を訊かれ、年齢を訊かれ、職業を訊かれ、住所を訊かれ、とりあえず飯でも食えと言って、インスタントラーメンを二袋も作ってくれた。

これを吸え。小太りの警官がタバコを一本くれた。彼はモンパ族で、役所の人たちもみんなモンパ族かラサの近くから来たチベット人だった。彼らは突然忙しそうに動き出し、携帯電話でどこかの警察署に報告し、指示を受けていた。役人のひとりが紙に漢字で何か書き、これを読めと言って私に手渡した。

《ここは外国人の立ち入りが禁止されている地域です。あなたはこれからメト県の人民政府に行き、そこで取り調べを受けなければなりません》

だいたいそんな内容が書かれていた。取り調べをするというメトはインド国境近くの村である。軍事的にも政治的にも非常に微妙な地域で、外国人の入域は厳しく制限されている。この時まで知らなかったのだが、実は私がたどり着いたこのガンデン村は行政地区としては「メト県ガンデン郷」で、れっきとしたメト県の一部だった。そのため私はメト県の中心であるメト村に行き、そこの警察に出頭しなければならなくなったのである。大変なことになったと思うと同時に、めったに行けない中印国境の村メトに、やや変則的ではあるが、合法的に入域できるのは幸運かもしれないとも思った。

「お前はメトで取り調べを受けた後、ポミからラサに向かい、さっさと日本に帰らなければならない」

小太りの警官にそう言われた後、今度は逆に、どこからどうやって来たのかを私が説明する番になった。

「ギャラから二四日間かかりました」

「ひとりで二四日！」

彼らはなかなか私の話を信じなかった。そもそもトゥムバツェやギャラという村の名前も知らなかったので、ツアンポー峡谷の向こうからやって来たと説明するしかなかった。

「そこにワイヤーブリッジがあっただろ。どうやって渡ったんだ」

「ロープを使って渡りました」

「ひとりで?」

「ええ……」

警官が地図と写真を見せろというので素直に渡すと、地図を指差しながら彼は興奮気味に声を上げた。「ここから、こう来たのか?」。警官は地図を逆さまに見ていたが、説明するのが面倒だったので、その通りだと答えた。ひとりだけそこにいた若い女性が、シャクナゲの樹液で真っ赤になった私の手や、フケと脂で固まった頭を見て言った。

「とりあえずあなた、そこの水で、手と顔と頭を洗ったほうがいいわ」

日本を出発する前、私はツアンポー峡谷周辺を無許可で旅行し、警察に捕まった人たちの話を、いろいろなところで読んだり聞いたりしていた。そうした話の結末として捕まった人間はだいたい消息不明になったり、へたしたら殺されかねない状況に陥ったりしていた。イアン・ベイカーの本には、インド国境近くで旅行中に捕まったオーストリア人のことが紹介されていたが、冗談めかして、彼はその後どうなったのか分からないといったトーンで終わっていたし、知り合いのチベット好きの女性も、東チベットで絶対に警察に捕まっちゃだめ、と日本でアドバイスしてくれたことがあった。「殺されたっておかしくない場所なんだから」

これらの憶測交じりの噂話(うわさばなし)によると、東チベットの警官、とりわけインド国境近くの警官は冷酷で、無許可の旅行者を捕まえたらとりあえず刑務所の中にぶち込み、時にはこっそり消してしまうことも辞さないらしい。こうした都市伝説に近い警官像は、やや大げさな旅行記や面白おかしく語られた体験談で伝わり、次第にまことしやかさが増幅していく。そのことにはもちろん気づいているつもりだったが、私にもその影響は確実にあったようで、捕まったら最低でも一週間は拘置所の中に放り込まれ、ひょっとすると暗黒裁判のもとスパイ罪や国家反逆罪などで有罪判決を受け、何年かかけて己の罪を償うことになるのではないか、という恐れがないでもなかった。

しかしガンデンで実際に警察に見つかってからというもの、実は私は不快な思いをほとんどすることがなかった。一応、監視され「拘束」状態におかれたものと思われるが、その「拘束」ぶりはむしろ、拘束というより歓待とでもいったほうが適切なものだった。

ガンデンでひと通りの質問が終わった後、彼らは私を招待所（中国の安宿）に案内し、食べろ、食べろと言って、夕食も朝食も脂っこい中華料理を腹いっぱい食べさせてくれた。これまでの反動で私は限界に挑戦するかのように出されたものを食べ続け、村に着いてから数日間は下痢に悩まされっぱなしだった。小太りの警官からヤオリンパという集落に行くよう指示され、到着した翌日から三日間は休む間もなく歩き続けるはめになったが、行く先々の役所の人たちも同じように客人に近い扱いで私をもてなしてくれた。

ある村で勝手に民家を訪ねてバター茶を飲んでいると、役所の担当者が突然姿を現したことがあった。てっきり怒られるのかなと思ったら、ここまで何日かかったんだと彼は私に旅のことをいろいろと訊き始めた。そして、ふうっとため息をついて言った。

「あんたはいいやつだ。こんな奥地にひとりで苦労してやって来るなんて」。彼らは地元のモンパ族か、もしくはほかの地域からやって来たチベット人がほとんどで、自分たちの地域や文化に触れるため、私がわざわざ法を犯し、命を危険にさらしてこんな辺境まで旅をしてきたことに、どうやら悪い気持ちは抱いていないらしかった。

元日にヤオリンパの集落にやって来た赤いジャンパーの警官は、全体的にのんびりとした感じの男だった。目尻の下がった顔、ゆっくりとしたか細い話し方、軽快さをまったく感じさせない動き、すべてがのんびりとしていて、私はすぐに警戒を解いた。出発してから車は、私が聞いていたインド国境の村メトではなく、反対方向のポミのほうに向かっていた。のんびりとした警官によると、車はメトには行かず、ポミから八一の警察署に直行するという。メトに行けないことが分かり、私は少しショックを受けた。めったに行けないところに行けなくなったということもあったが、それよりも大都会である八一の警察はこれまでの田舎警察と違って、まともな取り調べをするのではないかという不安がないこともなかったからである。

刑務所に放り込まれないか、やや心配になった私は、八一ではいったい、どれくらいの罰金を取られるんですかね、と軽いジャブのような質問をのんびりとした警官にくりだしてみた。すると彼は何を言っているんだという顔で、罰金なんて取られないよと言った。「パスポートをチェックするだけさ」。このメトから来た田舎警官は、たぶん八一の警察の恐ろしさを知らないのだろう。彼は少々のんびりしすぎているのだ。

車はぬかるんだデコボコ道を、文字通り飛び跳ねながら走った。ポミとメトを結ぶ唯一の道路であるにもかかわらず、一〇分に一回ぐらいの割合で補修の工事現場が現れるほどの悪路だった。途中の小さな集落で泊まりながら、車に乗って二日目に道は山の中で雪に閉ざされた。翌朝、のんびりとした警官と一緒に、約四三〇〇メートルのガーロン・ラという凍てつく雪の峠を歩いて越えた。

「せっかくだから写真を撮ってあげるよ」

のんびりとした警官はその日の朝にカメラを返してくれていて、峠では記念撮影までしてくれた。インドとの国境に近いメト県さえ離れてしまえば、スパイ行為の心配はなくなり、私は無害な旅行者に戻るということらしい。峠から下ると、燃料や食料をツアンポー峡谷に運ぶたくさんの人たちとすれ違った。車道まで下りると再び集落が現れ、今度は若いのにすっかり頭のはげたポミの警官が、私たちを八一に連れていくために車でやって来た。小さい頃に親しんだテレビゲームみたいに古い仲間が次々と私のもとを去り、新しい仲間が毎日のようにやって来た。そしてその日のうちに八一まで連行された。二〇一〇年一月三日のことだった。

翌日、巨大なコンクリート建造物が建ち並ぶ林芝県公安局の門を通り、出入境管理科という不法外国人を取り締まる係に連れていかれた。若い警官が一カ月に及ぶ旅の概要、ラサからの交通手段、村での宿泊先、職業、以前勤めていた会社などについて、聞くのは得意だが話すのは苦手といった感じの英語の通訳を介して質問してきた。質問には概(おおむ)ね正直に答えたが、ラサの運転手や村々での宿泊先など、協力してくれた人のことについてはすべて嘘(うそ)をついた。何日か前に彼らの写真も、見張りのすきをみて、便所でこっそりデジタルカメラから削除しておいた。

「未開放地区であることは知らなかったのか」

「知っていました」

なんの迷いもなく答えた私を見て、取り調べの若い警官は少し驚いた顔をした。もしそうだとしても知らなかったと答えるべきだと、その顔には書いてあった。きっとそれがお互いの利益になるのだろう。

「知っていたのなら、どうして入ったのだ」

「最初に成都のエージェントに入域が可能か聞いたんですが、無理だということでした。ツアンポー峡谷に行くことはずっと夢だったので、許可は取れなかったけど挑戦してみようと思ったんです。だいたいそのために会社を辞めたんです」

若い警官は調書から目を離し、私の顔を見上げた。「ツアンポー峡谷に行くために会社を辞めたのか」

「ええ」

バカじゃないかという表情を浮かべた後、彼はやれやれという顔で首を横に振った。

その後、出入境管理科の責任者が現れた。彼も一見してチベット人だったが、目が細く、体が大きくて、頭髪がやや薄くなる年齢にさしかかっており、明らかに機嫌が悪そうだった。ここ何年か本当の笑顔を忘れたような顔をしていた。警察に見つかってから初めて、旅の本質に触れるようなことをこの責任者からは訊かれた。

「なぜツアンポー峡谷に行ったのだ」。彼は英語を話すことができた。

「もともと登山が好きでツアンポー峡谷の探検史に憧れていました。自分もいつかは彼らと同じところを旅したい、彼らが行けなかったところに行ってみたいとずっと思っていたんです」

「その探検家の名前を言ってみろ」。本当は関心などない細かい点をついて、話していることに矛盾がないかどうかを見極めるのは取材でも捜査でも同じことだ。

「キントゥプ、ベイリー、キングドン＝ウォード。この三人は有名です」

「チベットはどう思う」

「素晴らしいですね」

「何が素晴らしい」

「仏教を基礎にした文化や生活が根付いている。彼らのカルチャーにはすごく関心があります」

「宗教や文化がツアンポー峡谷とどういう関係があるんだ」。私の話に嘘が交じっていないか、彼は鵜の目鷹の目で探していた。

「ツアンポー峡谷には一種の理想郷のような伝説があって、チベットの人たちはそれをベユル・ペマコと呼んで、探しています。ぼくはこの伝説にも興味があって、できれば自分で発見したいと……」

ベユル・ペマコの話をしたとたん、その責任者の表情は一変した。

「お前は、ベユル・ペマコがツアンポー峡谷にあるとでも思っているのか」

「違うんですか？」

「ベユルという意味を知っているか」と彼は言った。「隠された秘密の場所という意味だ。物質的に何かがあるわけではない。本当の信仰心がないと、そこに行っても何も見えないのだ。お前がベユルに到達しても、何かが見つかるかどうかは分からない」

見たところ、この警官は私との会話を楽しみ出しているようだった。口が勝手に開いて、自分たちの文化についての詳しい話を教えてくれている。その鉄仮面のような顔に時々、抑えきれない笑みが浮かぶのを見て、私は内心驚いていた。

「ペマシェルリという場所を知っているか」と彼は言った。「ベユル・ペマコはメトから北東に四日歩いた、その場所にあるのだ。チベット人はそこで一カ月間も巡礼を行う。だからお前の旅は意味がなかった」

「そんなことはありません。この旅はぼくにとっては、とても特別なものでした」

「私はお前のビザの残りの期限を無効にしたいよ。二度とお前にはチベットに来てもらいたくない。きっとお前はペマシェルリに行きたがるだろうな。インド国境のすぐ近くにある、その場所に。お前の旅のテーマにはぴったりだ」

そう言うと、責任者の男はザックの中の装備をすべて簡単にチェックした。そして写真を全部見た後、もう用は済んだという感じでカメラを返してくれた。写真の没収を免れ、私は内心ほっとした。調べが終わったようだったので、説明のためにテーブルの上に広げていたメモだらけの地図をしまおうとした。だがその瞬間、彼は手を伸ばして、その地図をさっと押さえた。

「これは返すことはできない。預かっておく」

私は少し驚いて、彼の顔を見た。その顔は警官としての職務を帯びた鉄仮面のような無表情に戻っていた。

「それは勘弁してください」と私は言った。「この地図はぼくにとって大事な思い出です。旅のすべてがつまっているんです」

彼は私の目をじっと見た後、テーブルの上に視線を落とした。そして少し迷ったような顔をしてから、地図をゆっくりとたたみ始めた。地図は厳しかった旅を象徴するかのように、すでに折り目が破れてばらばらになりかけていた。

地図をたたみ終えると、彼は私の顔を再びじっと見た。目にやさしさが帯びることはなかった。だが彼はそのかたい表情のまま、テーブルの上の地図をそっと私のほうに滑らせた。

地図は私の手元に戻ってきた。罰金はわずかに五〇〇元、日本円にして七〇〇〇円ほどだった。

どこかに行けばいいという時代はもう終わった。どんなに人が入ったことがない秘境だといっても、そこに行けば、すなわちそれが冒険になるという時代では今はない。

二度にわたるツアンポー峡谷の単独行の意味合いは、私の中では異なっていた。空白の五マイルという最後の空白部を追いもとめた、血気にはやった最初の単独行とは違い、二〇〇九年の二回目の旅は、ツアンポー峡谷そのものをより深いところで理解したいという思いのほうが自分の中では強かった。濃い緑とよどんだ空気が支配する、あの不快極まりない峡谷のはたして何が、自分自身も含めた多くの探検家を惹きつけたのか。歴史の中に刻みつけられた記憶の像は、地理的な未知や空白などといった今や虚ろな響きのする言葉の中にあるのではない。自然の中に深く身を沈めた時、見えてくる何かの中にこそあるはずだ。

今の時代に探検や冒険をしようと思えば、先人たちの過去に対する自分の立ち位置をしっかりと見定めて、自分の行為の意味を見極めなければ価値を見いだすことは難しい。パソコンの画面を開きグーグル・アースをのぞきこめば、空白の五マイルといえどもリアルな3D画像となって再現される時代なのだ。そのような時代にキングドン＝ウォードと同じやり方で旅をしても意味がないし、得られるものも少ない。私は旅のやり方にこだわった。自力と孤立無援、具体的にいえば単独行であることと、衛星携帯電話といった外部と通信できる手段を放棄することが、私の旅では重要な要素だった。丸裸に近い状態で原初的混沌の中に身をさらさなければ、見えてこないこともある。装備や食料から現地の道路事情といったインフラストラクチャーにいたるまで、物理的な条件に恵まれたこの時代に、キングドン＝ウォードと同じか、もしくはそれに近い風景をツアンポー峡谷の中に見いだし、その深遠を理解しようと思えば、なんらかの枷を手足にはめなければならなかった。もし単独行ではなく仲間がいたら、と思うことが時々ある。もしそうしたら、ギャラから空白の五マイルを突破してザチュまで抜けるという、私が目指した究極の旅も成功していたかもしれない。だが、本当に求めていたのはそういうことではなかった。私はツアンポー峡谷に裸一貫で飛び込み、命からがら逃げ出した。その体験が私にとっては特別なものであり、キントゥプに始まる「ツアンポー峡谷をめぐる冒険」という行為の、かなり深い部分を理解できた感触がある。

それでも多くの人はこう問うだろう。なぜ命をかけて、そこまでする必要があるのか、と。

極論をいえば、死ぬような思いをしなかった冒険は面白くないし、死ぬかもしれないと思わない冒険に意味はない。過剰なリスクを抱え込んだ瞬間を忘れられず、冒険者はたびたび厳しい自然に向かう。そのようなある種の業が、冒険者を支配していることを否定することはできない。論理をつきつめれば、命の危険があるからこそ冒険には意味があるし、すべてをむき出しにしたら、冒険には危険との対峙という要素しか残らないだろう。冒険者は成功がなかば約束されたような行為には食指を動かされない。不確定要素の強い舞台を自ら選び、そこに飛び込み、その最終的な責任を受け入れ、その代償は命をもって償わなければならないことに納得しているが、それをやりきれないことだとは考えない。

リスクがあるからこそ、冒険という行為の中には、生きている意味を感じさせてくれる瞬間が存在している。あらゆる人間にとっての最大の関心事は、自分は何のために生きているのか、いい人生とは何かという点に収斂される。いい人生とは何だろう。私たちは常に別々の方法論、アプローチで、それぞれに目的をかかげていい人生を希求している。カネ、オンナ、権力、健康、ささやかな幸せ、心の平安、子供の健全な発育……、現実的には別々のかたちをとりつつも、本質的に求めているものは同じだ。いい人生。死が人間にとって最大のリスクなのは、そうした人生のすべてを奪ってしまうからだ。その死のリスクを覚悟してわざわざ危険な行為をしている冒険者は、命がすり切れそうなその瞬間の中にこそ生きることの象徴的な意味があることを嗅ぎ取っている。冒険とは生きることの全人類的な意味を説明しうる、極限的に単純化された図式なのではないだろうか。

とはいえ究極の部分は誰も答えることはできない。冒険の瞬間に存在する何が、そうした意味をもたらしてくれるのか。なぜ命の危険を冒してツアンポー峡谷を目指したのか、その問いに対して万人に納得してもらえる答えを、私自身まだ用意することはできない。そこはまだ空白のまま残っている。しかしツアンポー峡谷における単独行が、生と死のはざまにおいて、私に生きている意味をささやきかけたことは事実だ。

冒険は生きることの意味をささやきかける。だがささやくだけだ。答えまでは教えてくれない。

一月五日、若い警官がホテルに私を迎えに来て、八一のバス停まで送ってくれた。ガンデンの村で見つかって以来、結局、あれほど敬遠していた中国の警察当局に、最後はお世話になりっぱなしだった。そのせいで、自力で旅を完結させられなかったことに対する忸怩たる思いがないこともなかったが、これもまたツアンポー峡谷がもたらした予想のできない出来事のひとつにすぎなかった。

私のダウンジャケットの内ポケットには一枚の写真が入っていた。写真には今もツアンポー峡谷の村に住んでいるはずのジェヤンと彼の妻ソナムデキ、そして幼い子供が写っていた。

今回の旅にひとつだけ心残りがあるとすれば、それはこの写真を彼らに渡すことができなかったことだ。

ジェヤンの村にたどり着き彼の家の戸を静かに開け、久しぶりの抱擁を交わした後、この写真を渡す。それが始まる前に思い描いていた、旅の最後のシーンだった。それを実現するために、私はこの写真を肌身離さず持っていたのだ。旅の途中でいろんな装備を失ったが、この写真をなくすことは決してなかった。だが私が思い描いていたそのシーンもまた、ツアンポー峡谷の予測できない日々の中で失われ、現実の光景となることはなかった。

　また来いよ。七年前に別れた時のジェヤンの顔を思い出した。

　また、行くことはあるのだろうか。この写真をジェヤンに手渡す日が、いつか来るのだろうか。

　いや、しかし……と私は思わざるを得なかった。

　ツアンポー峡谷の旅は自分の人生において、これ以上ない重みを持った経験となるに違いなかった。

　滑落して幸運にも生き残った安堵。

「門」で敗退した時のふがいなさ。

　ホクドルンの洞穴を見つけた時の驚き。

　ルクへと続く雪の峠を越える前の不安。

　最後にワイヤーブリッジを見つけた時の驚喜。

　二回の旅で得られた心の震えはこれ以上ないもので、同じような感動を体験することは、今後の人生ではもう起きないかもしれない。ツアンポー峡谷の旅を終えたことで、私は生きていくうえで最も大切な瞬間を永遠に失った、ともいえるのだ。

　八人の乗客を乗せたミニバスはバー・ラの峠を越えた。長く滞在した、コンボ地方の湿った密林の世界ともついに別れの時を迎えた。危険の伴う険しい峡谷が続いたそれまでとは違い、目の前の乾燥した大地は、どこまでも安定して広がっているように見えた。高速道路のように厚くてかたい道を、バスは西に向かってまっすぐ走った。

ここに来ることは、もうないのかもしれない。

命をかけて取り組んだことを懐かしみ、郷愁にとらわれて同じ土地を踏むことほどみじめな旅はない。ジェヤンの写真は永久に私の手元に残るのだろう。

長い旅は終わったのだ。

あとがき

あなたはこの本を書くことで、いったい社会に対して何を訴えたかったのか。あるアウトドア系の雑誌のインタビューでそう訊かれた時、私は返す言葉が見つからず、思わずうろたえてしまった。

それはたしか、この本が発売されるかされないかという頃のことだった。質問に対して、私は自らの探検を通じて人生を生きることの一般的な意義を問いかけたかった、となんとか優等生的に答えたような気がするが、今となってはその記憶も定かではない。

インタビュアーが訊きたかったのは、文章を書くことを含めた表現全体についてまわる「社会性」についてであったのだと思う。何かを表現して発表するということは、例えば本などの文字表現の場合、それを読む読者がいて初めて成立する営為である。表現者である書き手は受け手側である読者に対して、何か共感できるメッセージを盛り込んで本を書いているはずだが、『空白の五マイル』の場合どのようなメッセージを込めたのか？　というのがその時の質問の趣旨だった。

私がうろたえたのは、そうした質問の趣旨が分からなかったからではなく、それが即座によく理解できたからだった。理解できたからこそ何と答えていいのか分からなかった。実はこの本を書いている間、私には社会や読者に対して何か思いを込めたなどということはこれっぽっちもなかったのだ。さらに言うと、自分にそうした対社会の視点がほとんどなかったことを、私はその質問を受けることで初めて認識したのである。

自分はいったい何を訴えたかったのだろう……。読者に対しての主張が曖昧なまま本を出してしまったことに、プロの書き手としての覚悟のなさというか、決まりの悪さを感じて私は狼狽した。だがそれと同時に、文芸作品を書く人は普通、そんな冷静な視点をもって書くものなのだろうかと逆に訝しくも思った。読み手がどう思うかなんて、そんなこと考えていたら熱い本なんか書けるわけないじゃないか、と反発心めいたものも湧きあがったのだ。

今思い起こすと、私が書きたかったのは自分自身のひとりよがりな物語だった。そのため当然ながら時事的な問題を扱うノンフィクション作品のように、事実を検証することで今という時代や自分たちの社会を浮き彫りにしようなどという意図とは、とんと無縁だった。私の探検は二〇一〇年という時代の関心や日本社会の世相とはかけ離れており、その行動は完全に浮いていた。もちろん自分にもその認識はあったが、しかし私にはそんなことはどうでもよかった。本の構成としては自分自身の探検とツアンポー峡谷の探検史を交互に展開させたが、過去の歴史をこうまでくどくど説明したのも、それが私自身の探検の物語の血肉となっていたからだった。私の探検は過去の探検家の行動を受けて、そこから飛び出すかたちで開始された。だから自分の物語を表現するためには、その舞台となるツアンポー峡谷の素性を詳らかにする必要があった。

そもそもツアンポー峡谷という場所自体、自分にとってはとても価値のあるところだったが、現実としては日本人のほとんど誰もが知らない場所である。つまり本の題材としては他者の関心をひくテーマではない。そんな誰にとってもどうでもいい場所の奥地を世界で初めて探検しようと、場所自体に社会的価値がないのだから、その探検自体も基本的には社会的に無価値である。そこに命を賭けて行く理由もまた、私にとっては明白であったが、他人の理解からは程遠い心情であろう。それを本にしようというのだから、ひとりよがりにならざるを得ない。だから版元にとっては迷惑なことなのかもしれないが、こんな本を書いて誰が読むんだろうというのが執筆直後の率直な感想だった。いくらサブタイトルで「世界最大のツアンポー峡谷に挑む」と力んでみたところで、書店で手に取ってくれる人がどれだけいるかは、はなはだ疑問だった。

結局のところ、この本は自分の体験や思いを書きたいという情念に突き動かされた結果に過ぎなかった。それを一言でいえば自己表現ということになるのだろう。私は自分自身の個人的な物語に、読者の襟首をつかみ強引に引きずり込もうとしたのだ。自分の言葉で自分の歌を歌ってみたかったのである。ツアンポー峡谷を探検して文章で物語化することで、世界における自分という存在の居場所を確定させたかった。ただそれだけのことだった。

それでも書き切れなかったという思いは今も残っている。探検に旅立った時の切迫した感情や、ツアンポー峡谷で生死の境界線を少しだけ見せつけられた時の動揺を、私はこの本の中で何とか言葉に置き換えようとした。だが完全にはできなかったという悔しさが若干くすぶっている。言葉にならなかった思いが、まだ心の中でもやもやっと煙のようにゆらめいているのだ。

もし今、自分で『空白の五マイル』を読み返したら、不十分で飽き足らなさを感じて、やりきれない思いを抱くにちがいない。こういう純粋な旅を自分はもうできないのではないか。そういう危惧が今の私にはある。一生に一度の旅だったからこそ、今からでももう少し手を加えて作品として完璧なものに仕上げたい。正直に言うと、そういう気持ちがないわけではない。しかし一方で、作品にはそれぞれ書かれるべき時宜があるということもまた事実だ。当時の自分に書けたことを背伸びさせても仕方がない。あの時に書くことができたのがこの本なのだ。『空白の五マイル』が完璧な作品ではなかったからこそ、私はその書き切れなかった思いを言葉に変えるため、今もどこかに行き、何かを書こうとしているのだろう。

最後になるが、この作品を完成させるにあたり取材に協力してくれた次の方々に、この場を借りてお礼を申し上げたい。金子民雄さん、諏訪順一さん、水野勉さんにはツアンポー峡谷の探検史に関する助言や資料の提供をいただいた。伊東亨さん、岩田修二さん、大谷映芳さん、重廣恒夫さん、山森欣一さんにはツアンポー峡谷の現地の様子やナムチャバルワ登山の舞台裏についてお話を聞かせていただいた。貞兼綾子さん、脇田道子さんにはチベットの文化や少数民族について教えていただいた。北村皆雄さん、中西純一さん、西川茂樹さん、東野良さんには、武井義隆さんが亡くなったNHKの遠征隊の現場の様子についてお話をうかがった。岩本庸介さん、加藤雅之さん、小嶋公史さん、白神千恵子さん、菅尾淳一さん、武井平八さん、武井幸子さん、只野靖さん、浜中啓一さん、正木豪さん、松永秀樹さんには、武井義隆さんの思い出について語っていただいた。イアン・ベイカーさんとリチャード・フィッシャーさんのお二人は、それぞれの探検の詳細について電子メールで回答くださった。いずれの方々にも、答えにくい内容も含めて率直に語っていただき、感謝の念に耐えない。どうもありがとうございました。

書籍化にあたっては集英社インターナショナルの田中伊織さんと集英社の岸尾昌子さんのお世話になった。この本は集英社の開高健ノンフィクション賞を受賞したことで書籍化されたものであるが、実は私はこの本の原稿を応募する前年に『雪男は向こうからやって来た』という作品で応募し、落選していた。『雪男』の時から原稿に目を通してくださり、落選した時に、もう一度トライしてみないかと声をかけて下さったのが田中さんだった。その一言がなかったら、『空白の五マイル』は今も本というかたちで結実していなかったかもしれない。また岸尾さんは本にする段階で直接担当してくださり、作品の深みといった部分に対して大きなアドバイスをしていただいた。また文庫化に際しては集英社の飛鳥壮太さんのお手を煩わせた。改めて皆様にお礼申し上げたい。

角幡唯介

二〇一二年八月一四日

主な参考資料（著者名五十音、アルファベット順）

キングドン＝ウォードまでの探検史

●『パンディットーチベット・中央アジアにおける英国測量史の一側面』デレック・ウォーラー　諏訪順一訳（日本山書の会、二〇〇六年）
●『東ヒマラヤ探検史ーナムチャバルワの麓「幻の滝」をめざして』金子民雄（連合出版、一九九三年）
●『フランシス（フランク）・キングドン－ウォードー東チベットの植物探検家　1885-1958』金子民雄（小林書店、一九九四年）
●『ヒマラヤ《人と辺境》3　青いケシの国』フランク・キングドン＝ウォード　倉知敬訳（白水社、一九七五年）
●『植物巡礼ープラント・ハンターの回想』フランク・キングドン－ウォード　塚谷裕一訳（岩波文庫、一九九九年）
●『ツアンポー峡谷の謎』フランク・キングドン－ウォード　金子民雄訳（岩波文庫、二〇〇〇年）
●『空へーエヴェレストの悲劇はなぜ起きたか』ジョン・クラカワー　海津正彦訳（文藝春秋、一九九七年）
●『世界の歴史14　ムガル帝国から英領インドへ』佐藤正哲、中里成章、水島司（中央公論社、一

九九八年）
●『ヒマラヤ《人と辺境》2　国境のかなた—大探検家ベイリーの生涯』アーサー・スウィンソン　松月久左訳（白水社、一九七五年）
●『チベットのアルプス』中村保（山と溪谷社、二〇〇五年）
●『世界探検家事典』（1・2）ダニエル・B・ベイカー編　藤野幸雄編訳（日外アソシエーツ、一九九七年）
●「ツァンポー川の滝について」フレデリック・M・ベイリー　諏訪順一訳（「山書月報」一九九六年六月号）
●『ヒマラヤ名著全集1　ヒマラヤの謎の河』フレデリック・M・ベイリイ　諏訪多栄蔵、松月久左訳（あかね書房、一九六八年）
●『そして謎は残った—伝説の登山家マロリー発見記』ヨッヘン・ヘムレブ、ラリー・A・ジョンソン、エリック・R・サイモンスン　海津正彦、高津幸枝訳（文藝春秋、一九九九年）
●『大ヒマラヤ探検史—インド測量局とその密偵たち』薬師義美（白水社、二〇〇六年）
●『ヒマラヤ名峰事典』薬師義美、雁部貞夫編、藤田弘基写真（平凡社、一九九六年）
●Bailey, F. M., *The Tsang-po*. The Geographical Journal, Vol. 42, p. 87-88, 1913.
●Bailey, F. M., *Exploration on the Tsangpo or Upper Brahmaputra*. The Geographical Journal, Vol. 44, p. 341-364, 1914.
●Bailey, F. M., *The Story of Kintup*. The Geographical Magazine, Vol. 15, p. 426-431, 1943.
●Bentinck, A., *The Abor Expedition: Geographical Results*. The Geographical Journal, Vol. 41,

p. 97-114, 1913.

● Field, J. A., *The History of the Exploration of the Upper Dihong*. The Geographical Journal, Vol. 41, p. 291-293, 1913.

● Kingdon-Ward, Frank, *Explorations in South-Eastern Tibet*. The Geographical Journal, Vol. 67, p. 97-123, 1926.

● Lyte, Charles, *Frank Kingdon-Ward: The Last of the Great Plant Hunters*. London, John Murray Publishers, 1989.

● Markham, C. R., *The Annual Address on the Progress of Geography*. Proceedings of the Royal Geographical Society, New Series, Vol. 1, p. 354, 1879.

● Needham, J. F., *The Hydrography of South-eastern Tibet: the Dihong River*. Proceedings of the Royal Geographical Society, New Series, Vol. 11, p. 440-441, 1889.

● Compiled by Tanner, Col. H. C. B., *Kinthup's Narrative of a Journey from Darjeeling to Gyala Sindong(Gyala and Sengdam), Tsari and the Lower Tsang-po, 1880-84*. Records of the Survey of India, Vol. 8, Part2, p. 329-338, 1915.

● Waddell, L. A., *Among the Himalayas*. London, Archibald Constable & Co, 1899.

● Waddell, L. A., *The Falls of the Tsang-po(San-pu), and Identity of That River with the Brahmaputra*. The Geographical Journal, Vol. 5, p. 258-260, 1895.

● *Indian Frontier Expeditions*. Proceedings of the Royal Geographical Society, New Series, Vol. 13, p. 684-685, 1891.

● *Kinthup's Exploration of the Tsang-po*. The Geographical Journal, Vol. 44, p. 503-504, 1914.

●*Survey of the Sanpu River of Tibet.* Proceedings of the Royal Geographical Society, New Series, Vol. 1, p. 273-274, 1879.
●*The Sanpo of Tibet.* Proceedings of the Royal Geographical Society, New Series, Vol. 3, p. 314-315, 1881.

キングドン＝ウォード以後の探検、ナムチャバルワ登山

●『辺境へ』大谷映芳（山と溪谷社、二〇〇三年）
●「もうひとつのグランドキャニオン　ついにベールを脱いだ東チベット大峡谷」大谷映芳（「サイアス」朝日新聞社、一九九九年一月号）
●『ナムチャバルワ初登頂』岡野敏之編（読売新聞社、一九九四年）
●『エヴェレストより高い山―登山をめぐる12の話』ジョン・クラカワー　森雄二訳（朝日文庫、二〇〇〇年）
●『大冒険時代―世界が驚異に満ちていたころ　50の傑作探検記』マーク・ジェンキンズ編（早川書房、二〇〇七年）
●『ヒマラヤ・チベット縦横無尽―NHKカメラマンの秘境撮影記』東野良（平凡社、二〇〇二年）
●『1985大分県山岳連盟第2次チベット・ヒマラヤ登山隊報告書　ニンチンカンサ登山隊・東チベット踏査隊』松元徹編（大分県山岳連盟、一九八六年）
●『〝神の河〟ブラマプトラの激流を下る　チベット国境からバングラデシュ国境へ1800㎞のラフティング』八嶋寛編（日本ヒマラヤ協会、一九九一年）

●『欣ちゃんの山一辺倒』山森欣一（アテネ書房、二〇〇五年）
●『神秘のグレート・ベンド ナムチャ・バルワ』山森欣一編（日本ヒマラヤ協会、一九九一年）
●「東チベットの大湾曲部と『幻の高峰』」山森欣一（「山と溪谷」一九八六年一月号）
●『アイス・ワールドーアイス・クライミングの最新技術と体験』ジェフ・ロウ　手塚勲訳　船尾修監修（山と溪谷社、一九九八年）
●「世界最大はチベットの大峡谷」朝日新聞一九九九年二月二七日朝刊
●「二十世紀末的地理大発現 解読大峡谷」（「地理知識」一九九八年七月号）
●「中国科学家在雅魯蔵布大峡谷主河床発現並証実　四大瀑布群」（「地理知識」一九九九年二月号）
●「再読 雅魯蔵布大峡谷」（「地理知識」一九九九年四月号）
●「南迦巴瓦峰下 雅魯蔵布大峡谷考察」（「西蔵人文地理」二〇〇九年一月号）
●「雅魯蔵布大峡谷」高登義編（中国三峡出版社、二〇〇〇年）
●Baker, Ian, *The Heart of the World: A Journey to the Last Secret Place.* New York, The Penguin Press, 2004.
●Cox, Kenneth ed., *Frank Kingdon Ward's Riddle of the Tsangpo Gorges: Retracing the Epic Journey of 1924-25 in South-East Tibet.* Woodbridge, Antique Collector's Club, 2001.
●Fisher, R. D., *Earth's Mystical Grand Canyons.* Tucson, Sunracer Publications, 1995.
●Fisher, R. D., *Grand Canyons Worldwide.* Tucson, Sunracer Publications, 2006.
●Fletcher, H. R., *A Quest of Flowers: The Plant Explorations of Frank Ludlow and George Sher-*

riff. Edinburgh, Edinburgh University Press, 1975.
- Heller, Peter, *Hell or High Water: Surviving Tibet's Tsangpo River.* New York, Plume, 2005.
- Heller, Peter, *Liquid Thunder.* Outside, July 2002, p. 82-96.
- Jimin, Zhang, *The Yarlung Tsangpo Great Canyon: The Last Secret World.* Beijing, Foreign Language Press, 2006.
- Kingdon-Ward, Frank, *The Assam Earthquake of 1950.* The Geographical Journal, Vol. 119, p. 169-182, 1953.
- McRae, Michael, *The Siege of Shangri-La:The Quest for Tibet's Sacred Hidden Paradise.* New York, Broadway Books, 2002.
- Walker, W. W., *Courting the Diamond Sow: A Whitewater Expedition on Tibet's Forbidden River.* Washington, D. C., Adventure Press, National Geographic, 2000.
- *Chinese explorers get to falls first.* January 29, 1999, China Daily.
- *Lost Waterfall Discovered in Remote Tibetan Gorge.* January 7, 1999, nationalgeographic. com.

チベットの歴史・文化・民族、ベユルの伝説

- 「シャングリラ伝説の源流」石濱裕美子（「チベット文化研究会報」二〇〇五年四、七月号）
- 『図説 チベット歴史紀行』石濱裕美子（河出書房新社、一九九九年）
- 『チベット密教の祖―パドマサンバヴァの生涯』W・Y・エヴァンス－ヴェンツ編　加藤千晶、鈴木智子訳（春秋社、二〇〇〇年）

●『中国の少数民族教育と言語政策』岡本雅享（社会評論社、二〇〇八年）
●『風の記憶―ヒマラヤの谷に生きる人々』貞兼綾子（春秋社、二〇〇七年）
●『チベットの文化』R・A・スタン　山口瑞鳳、定方晟訳（岩波書店、一九七一年）
●『チベット文化史』デイヴィッド・スネルグローヴ、ヒュー・リチャードソン　奥山直司訳（春秋社、一九九八年）
●『チベット』多田等観（岩波新書特装版、一九八二年）
●『チベット密教』田中公明（春秋社、一九九三年）
●『超密教 時輪タントラ』田中公明（東方出版、一九九四年）
●『中国はいかにチベットを侵略したか』マイケル・ダナム　山際素男訳（講談社インターナショナル、二〇〇六年）
●『中国少数民族事典』田畑久夫ほか（東京堂出版、二〇〇一年）
●『チベットわが祖国―ダライ・ラマ自叙伝』ダライ・ラマ　木村肥佐生訳（中公文庫、一九八九年）
●『チベット―歴史と文化』チレ・チュジャ　池上正治訳（東方書店、一九九九年）
●『チベット史』ロラン・デエ　今枝由郎訳（春秋社、二〇〇五年）
●『チベットの報告』（1・2）イッポリト・デシデリ著、フィリッポ・デ・フィリッピ編　薬師義美訳（平凡社、一九九一、九二年）
●『シャンバラへの道―聖なる楽園を求めて』エドウィン・バーンバウム　足立啓司訳（日本教文社、一九八六年）
●『失われた地平線』ジェームズ・ヒルトン　増野正衛訳（新潮文庫、一九五九年）
●『チベット』（上・下）山口瑞鳳（東京大学出版会、一九八七、八八年）

●『旅行人ノート　チベット［第4版］全チベット文化圏完全ガイド』旅行人編集部（旅行人、二〇〇六年）
●「モンパ女性の貫頭衣『シンカ』をめぐって」脇田道子（「チベット文化研究会報」二〇〇六年一〇月号）
●Chan, Victor, *Tibet Handbook*. Berkeley, Avalon Travel, 1994.
●Ehrhard, Franz-Karl, *The Role of "Treasure Discoverers" and Their Writings in the Search for Himalayan Sacred Lands*. The Tibet Journal, Vol. 19, p. 3-20, 1994.
●Garje Khamtrul Rinpoche, *Memories of Lost and Hidden Lands*. Dharamsala, Chime Gatsal Ling, 2009.
●Sardar-Afkhami, Hamid, *An Account of Padma-Bkod: A Hidden Land in Southeastern Tibet*. Kailash, Vol. 18, p. 3-21, 1996.

その他

●『チベットの彼方にいるわが息子、義隆へ捧ぐ』武井平八（私家版、二〇〇五年）
●『武井義隆追悼文集 まきると武井のこと』只野靖、舟橋洋介編（私家版、一九九五年）
●「日中合同ヤルンツァンポ川科学探検隊カヌー遭難事故調査報告（中間報告）」ヤルンツァンポ合同捜索本部編（一九九四年）

解説　無意味が人生に意味をもたらす時

柳田邦男

高校一年の時に出会った本が、人生を決めた。——アルピニストの野口健氏が、最近、ある新聞紙上でのインタビュー記事の中で、そんなことを語っていた。

中学時代から高校一年にかけての頃、野口少年はしばしば学校で問題を起こしていた少年だった。とくに高校に入って間もなかったある日、生活態度を注意された上級生を殴って一カ月の停学処分を受けた時には、心配した父親から勧められて一人旅に出た。旅先で何気なく入った書店で手に取ったのは、冒険家・植村直己氏の本だった。五大陸最高峰登頂をなし遂げた植村さんの手記に心を揺さぶられた野口少年は、自分も世界の山々を制覇して学校を見返してやろうと決意したという。こうしてある山岳会に入り、ひたすらアルピニストの道を目指したのだという。

人は、少年時代から青春時代にかけての時期に、いろんなものに遭遇して刺激を受け、それらの中のどれか一つから、人生の道を決めるほどの影響を受けることが少なくない。そして、一つのことにのめりこむと、そこから抜け出せないほどに熱中することになる。

角幡氏の『空白の五マイル』を読んで、私がまず興味を惹かれたのは、世界の探検史において未だに未踏査になっていたチベットのインドとの国境に近い秘境ツアンポー峡谷なる地を探検しようと心に決めたところだ。角幡氏の場合は、高校時代ではなく大学に入ってからだったが、青春時代であることに変わりはない。大学の校舎に貼られた「世界の可能性を拓け」というあおり文句の探検部のビラに惹かれて入部する。「探検がしたかった」という衝動に突き動かされたのだという。しかも一九世紀の英国人がやっていたような、人跡未踏のジャングルをナタで切り開き、激流を渡り、険しい岩壁を乗り越えるといった古典的な地理的探検の世界に憧れたというのだ。

そして、決定的な刺激を受けたのは、大学四年の時、池袋の書店で手に取った一冊の本だった。金子民雄著『東ヒマラヤ探検史』という本だった。副題として添えられた「ナムチャバルワの麓『幻の滝』をめざして」という、どこか空想を誘うような文句に気を惹かれたのだ。その本を購入して読み、はじめてチベットを流れるアジア有数の大河ツアンポー川とその川をめぐる探検史を知るや、たちまちツアンポー川の虜になってしまったという。

青春時代というのは、内面的には不安定な時期だ。自分は他の誰とも違う自分として何があるのかとか、自分は何をもって将来に向かって生きようとしているのかとか、いわゆる自分探しで揺れ動く。あるいはそれらの問いに確かな答えが見出せないと、なかなか自己肯定感が持てずに、悶々とした日々を過ごすことになる。それは人生の意味を探すいとなみでもあるのだが、人生の意味などというものは、歳月が経ってからの結果からでしかわからない。

『空白の五マイル』を読み進むと、若き日のツアンポー川への憧憬と就職への迷いなどを記述する中で、やはり自分探しの苦悩がにじみ出ている。そして、大学を出て最初のツアンポー川探検行までの日々は、その世界に入る若者たちと大きな違いはないように見える。

ツアンポー川については、私は何も知らなかった。その意味で、角幡氏がツアンポー川探検史をたどったり、ツアンポー川の詳細について調べたりしていく過程は、読む側の私に対して、同じ気分に誘い込むようなパートになっていて、それなりに啓発された。ツアンポー川はチベット高原を西から東に流れた後、ヒマラヤ山脈の東端で七千メートル級の二つの高峰にはさまれた峡谷部を大きく屈曲蛇行してインド側へ通り抜けていく。ヒマラヤ山脈は世界の尾根と言われるほどだから、チベット側からインド側へ川が流れていくなどとは考えたこともなかった。しかし、現実にはそういう流れになっている。そのことは、チベット高原の標高がいかに高いかということと、ヒマラヤ山脈の入端には、チベット高原よりも低くなるほど深く切り込んだ険しい峡谷があるということを、私に気づかせてくれたのだ。その険しさの実感が湧いてくると、なぜそこが探検家を魅惑するかがわかってくる。

角幡氏が興味を抱いたのは、二〇世紀はじめ頃に英国の有名な探険家がヒマラヤ山脈のツアンポー川の峡谷にあるという伝説の「幻の滝」を求めて探検したものの、ついに発見できず、最も険しい五マイルの区間が未踏のまま今日に至っているというところだった。その「空白の五マイル」を自分が踏査してみようと決意したのだ。若い学生にとって、これほど強烈な「生きる目標」はないだろう。

角幡氏は、大学を卒業した後、就職しないでバイト生活をしながら資金を蓄え事前調査をして、ついに二〇〇二年十二月から翌年一月にかけて、ツアンポー川探検を敢行する。この一回目の探検は、一部を残したとはいえ、ひとまず達成感があったので、帰国後、おそい就職に成功し、朝日新聞地方支局の記者になった。しかし、年月が経つうちに、未踏査部分を残したツアンポー川への再挑戦の思いが、次第に強くなり、収入がゼロになるのを覚悟で記者生活を五年で打ち切ってしまった。

『空白の五マイル』の文章は、そのあたりから、角幡氏の内面的な成長を感じさせるものになってくる。一回目の探検までは、若さのエネルギーで、ひたすら「探検がしたい」という思いに突き動かされて行動している観がある。文章は自分を売り出そうというような臭みのない、むしろいつも自分の行動は世の中の人々から見たら何の意味もない無茶なものとして映るだろうと思うくらいに謙虚なものになっている。氏の頭の中をめぐっていたのは、社会的にヒーローになろうというようなことではなく、自分の生き方なり人生なりとの向き合い方だった。

〈どうせいつかはやらなければならないことなのだ。もしそれに成功したら、きっと私は自分の人生を少しだけ前進させることができるのだろう。〉

はじめから自分の行動の意味を考えるのでなく、停滞している自分を命がけの場に放りこめば、意味は後からついてくるというのだ。

しかし、七年後、二〇〇九年十二月の二度目の探検行を決意した時に角幡氏の脳裏を駆けめぐった思いは、とにかく行けば何かがあるというのではない、何か自分の内面に問いかけ、思索を深めるものになっていた。氏は、こう書いている。

〈私はもっと深いところでツアンポー峡谷を理解してみたいと思うようになっていた。もっと奥深くに行って、どっぷりと浸かり、もっと逃げ場のない旅をしてみたい。〉

〈このルートをたどることに成功したらツアンポー峡谷の深遠を肉体に刻み込むことになり、語るべき何かを得られるに違いない。〉

その命がけの探検行の現場の状況は、本書で読んで頂くとして、角幡氏が二度にわたるツアンポー峡谷探検を終えて、本書の執筆を通して自分を見つめ直した時の言葉を引用させて頂こう。

〈リスクがあるからこそ、冒険という行為の中には、生きている意味を感じさせてくれる瞬間が存在している。あらゆる人間にとっての最大の関心事は、自分は何のために生きているのか、いい人生とは何かという点に収斂(しゅうれん)される。（中略）死が人間にとって最大のリスクなのは、そうした人生のすべてを奪ってしまうからだ。その死のリスクを覚悟してわざわざ危険な行為をしている冒険者は、命がすり切れそうなその瞬間の中にこそ生きることの象徴的な意味があることを嗅(か)ぎ取っている。冒険とは生きることの全人類的な意味を説明しうる、極限的に単純化された図式なのではないだろうか。〉

そう述べつつも、角幡氏は傲慢になることなく、ためらい傷を見せるかのように、こうつぶやくように補足するのだ。

〈冒険は生きることの意味をささやきかける。だがささやくだけだ。答えまでは教えてくれない。〉

名言だ。この謙虚さを忘れない角幡氏は、自分なりの答えを求めて、さらに先へ進むだろう。

本文デザイン　鈴木成一デザイン室
地図作成　株式会社ジェオ
本書は二〇一〇年十一月、集英社より刊行されました。

集英社文庫

空白の五マイル　チベット、世界最大のツアンポー峡谷に挑む

2012年9月25日　第1刷　　定価はカバーに表示してあります。
2025年3月12日　第8刷

著　者　角幡唯介

発行者　樋口尚也

発行所　株式会社 集英社
東京都千代田区一ツ橋2-5-10　〒101-8050
電話　【編集部】03-3230-6095
【読者係】03-3230-6080
【販売部】03-3230-6393（書店専用）

本文組版　株式会社ビーワークス

印　刷　TOPPANクロレ株式会社

製　本　TOPPANクロレ株式会社

フォーマットデザイン　アリヤマデザインストア　　マークデザイン　居山浩二

ISBN978-4-08-746882-3 C0195